U0471733

创意写作书系

作家笔记

【美】阿德里安娜·扬（Adrienne Young）
伊莎贝尔·伊巴涅斯（Isabel Ibañez） 著
刁克利 译

The Storyteller's Workbook

An Inspirational,
Interactive Guide to the
Craft of Novel Writing

中国人民大学出版社
·北京·

"创意写作书系"顾问委员会

(按姓氏笔画排名)

刁克利	中国人民大学
王安忆	复旦大学
刘震云	中国人民大学
孙 郁	中国人民大学
劳 马	中国人民大学
陈思和	复旦大学
格 非	清华大学
曹文轩	北京大学
阎连科	中国人民大学
梁 鸿	中国人民大学
葛红兵	上海大学

姓　　名：

写作项目：

联系方式：

欢迎打开《作家笔记》

很高兴你打开这本书。不过我们要先提醒一下。

准备动笔写一部小说是令人生畏的任务，四周有太多的声音告诉你，要怎样做才能驯服这头凶猛的野兽——你的手稿。作为一名创意写作者，我们不断抗拒那些试图给我们提供全部答案的套路和指南。如果你想在这本书里找到类似的东西，很抱歉，你会失望。

不过，我们有一个了不起的信念要传递给你——你就是那个独一无二的故事写作者。

这本笔记不是什么魔法药水，无法赋予你写小说的能力。这本书的目的在于，帮你获得一直存在于你内心的写故事的超能力。

在书里，我们尽力做到灵活又有序，这样你就可以制定规则，带着问题前行，激发自己的创造力，深入挖掘，进入想象的王国。这是只有你才能写出来的故事，《作家笔记》会帮你在施展写作魔法的时候，将你的故事组织起来，并且聚焦。

准备好了吗？告诉你一个秘密吧：从来没有人完全准备好。但是，一旦你翻开这一页，我们就一起进入创作中了。

预备，开始，上路。

第一部分　把故事写下来

写作日历 3
用鸟瞰图制订一个一年的计划，然后记录每天写下的字数，设定目标；或者用有序的、易于填写的12个月的日历来记录到期应完成的工作，指导你计划并完成你的书稿。

练习使人进步 31
当你在写作初稿或修改过程中到达某个里程碑时，用彩色表格记录自己的进度。

列大纲与随意写 37
为你的故事创建一个全面的大纲，详略皆可由你自定，用记事卡爱好者使用的故事板风格的空格完成。

人物档案指南 73
不仅要让你的人物有血有肉，更要带你的人物经历详细的发展过程，从而创造出令读者难忘的多重个性。

世界构建指南 105
深入挖掘这份世界构建指南，它能够帮助你为故事创造一个令人难忘的环境，以及由生动逼真的细节构成的引人注目的背景。

制图指南 117
为你的故事绘制详细的图景，作为你初稿的视觉参考。

第二部分　把故事写出来

修改清单 141
在写作时，创建一个多功能检查清单，包括批评伙伴和试读好友的反馈，从而使你的修改保持清晰有效。

润色清单 149
在你寄送给文学经纪人之前，对你的作品终稿多加润色。

一切尽在书名中 152
通过词语妙用、主题、情绪和故事要素开发你作品的梦想标题。

推荐稿 159
用最简洁的方式概括你的故事。将你的书中最引人入胜的部分精简为可快速浏览的推荐稿，用来向专业人士描述你的故事。

大纲 167
用简便直观的方法为你的故事创建一个有效的大纲。

投稿 179
准备好投稿了吗？写一份吸引文学经纪人的投稿信吧。

文学经纪人 189
创建一份详细的文学经纪人名册，以便在整个投稿过程中更新和查询进度。

再见 207

奖励 209
需要一点动力吗？梦想得到的一些特别的东西——一张礼品卡、两张电影票、去你一直想去的高档餐厅进餐——当你实现目标时，可以享受一下。

第一部分
把故事写下来

写作日历

戴上耳机，做白日梦。这时，你向外望去，窗外是最适合想象故事情节的风景；或者，如果你打算拿本书放在手里，你也需要制订一个游戏计划。

先从第 5 页的"鸟瞰图"做起，不管你在几月份开始，都要按月标记每一个空格。在你开始具体的细节工作之前，先通过这个远景镜头设定好你的大目标，展望你的整个写作进度。一旦你在头脑中对接下来的工作有了画面，你就要开始动手将它切成小块，放入你的月度日程表里。每位作者的写作进度都不尽相同，因此，你有足够大的空间来根据自己的情况设计出适合你的日程表。设定目标会让人感到有压力，所以切记：这里是积极的、有创造性的空间。用字数、章节、进度节点组织你的目标。这些完全取决于你。不管你是想按周、按月还是按年制订写作计划，都不用担心在整个过程中会发生调整。每本书都有它自己的曲折和转机。

拿出你削好的铅笔，你最喜欢的圆珠笔，或者一些可爱的小贴纸。

开始写吧。

鸟瞰图

要点提示：

待做事项：

月份：

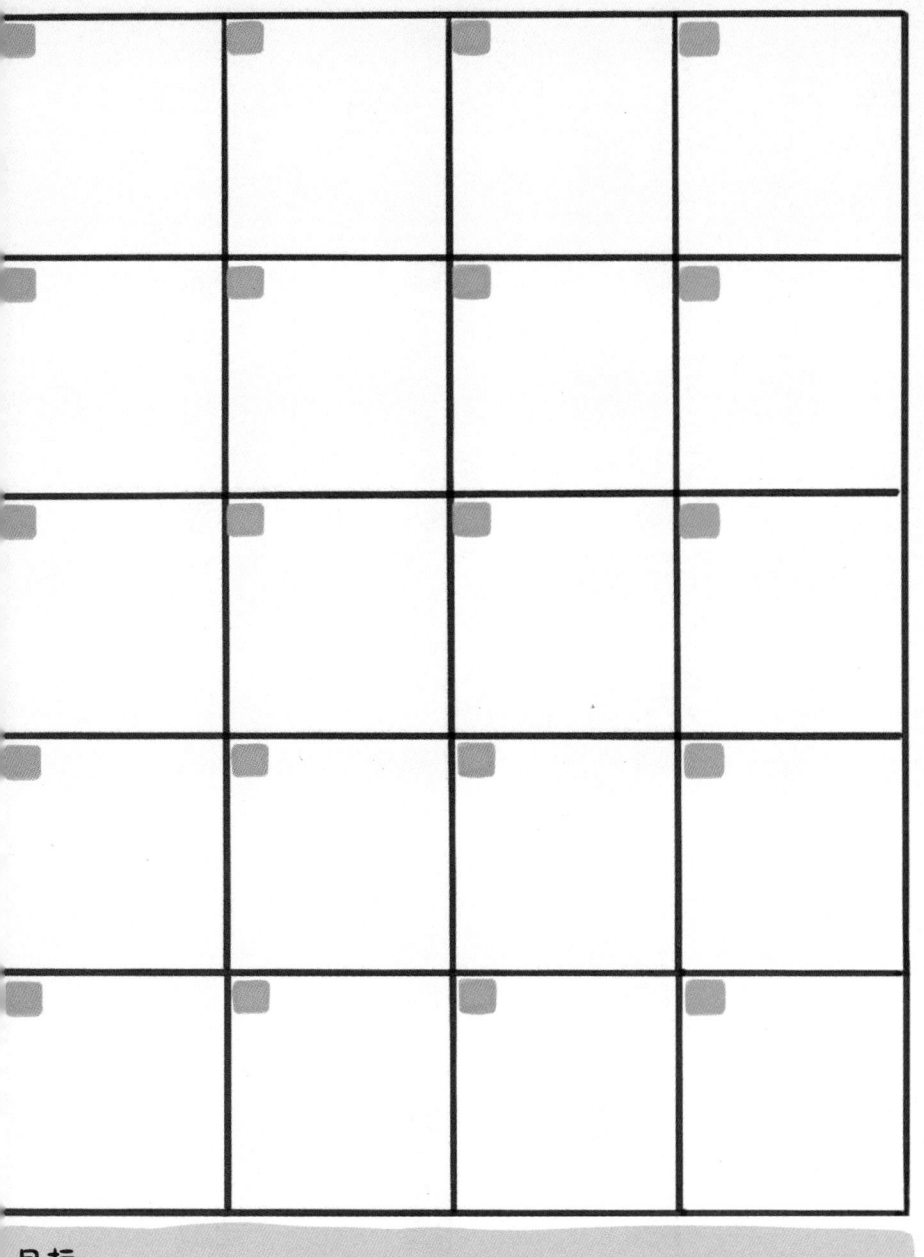

记录：

目标：

要点提示：

待做事项：

月份：

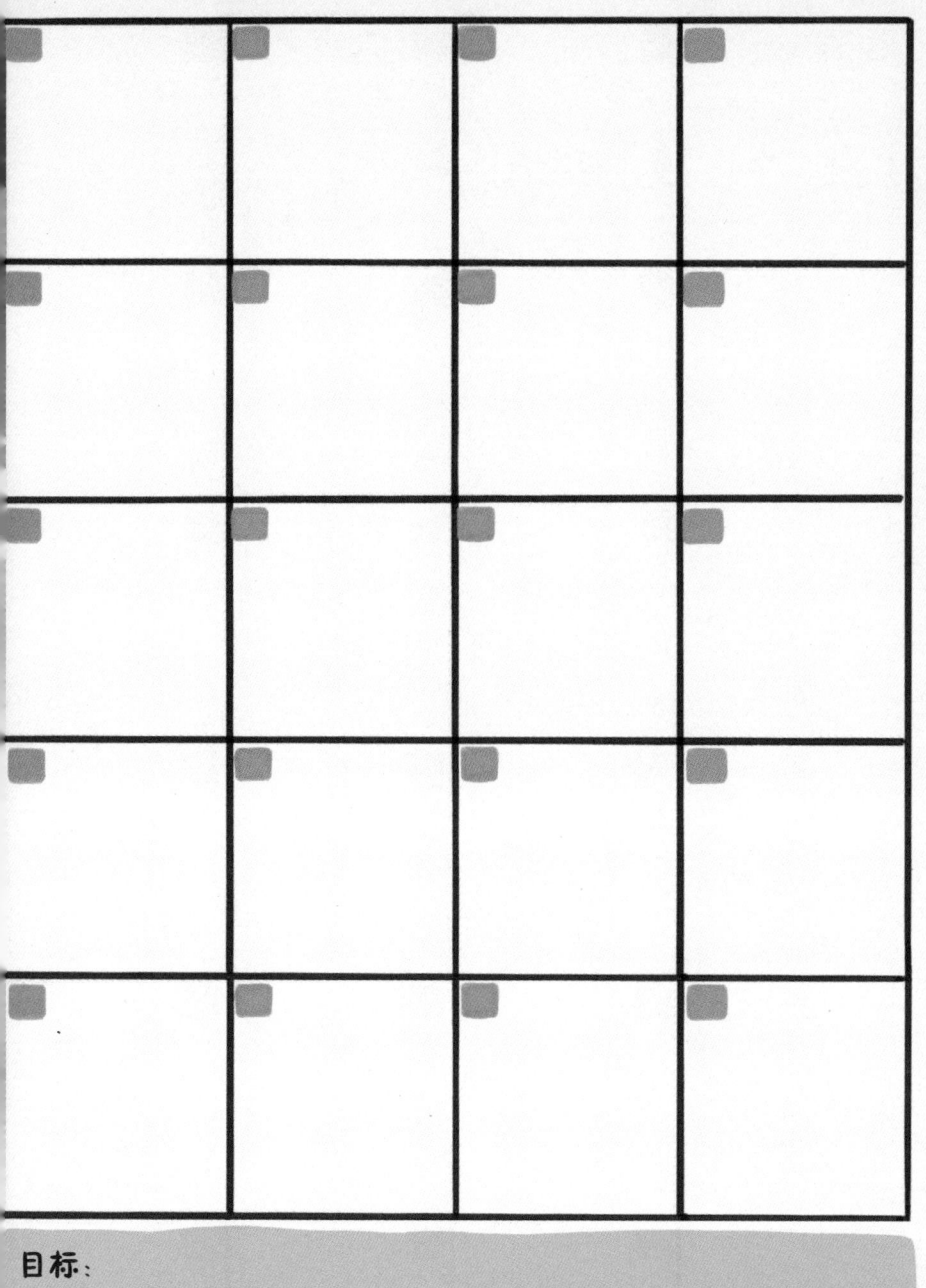

记录：

目标：

要点提示：

待做事项：

月份：

记录：

目标：

要点提示：

待做事项：

月份：

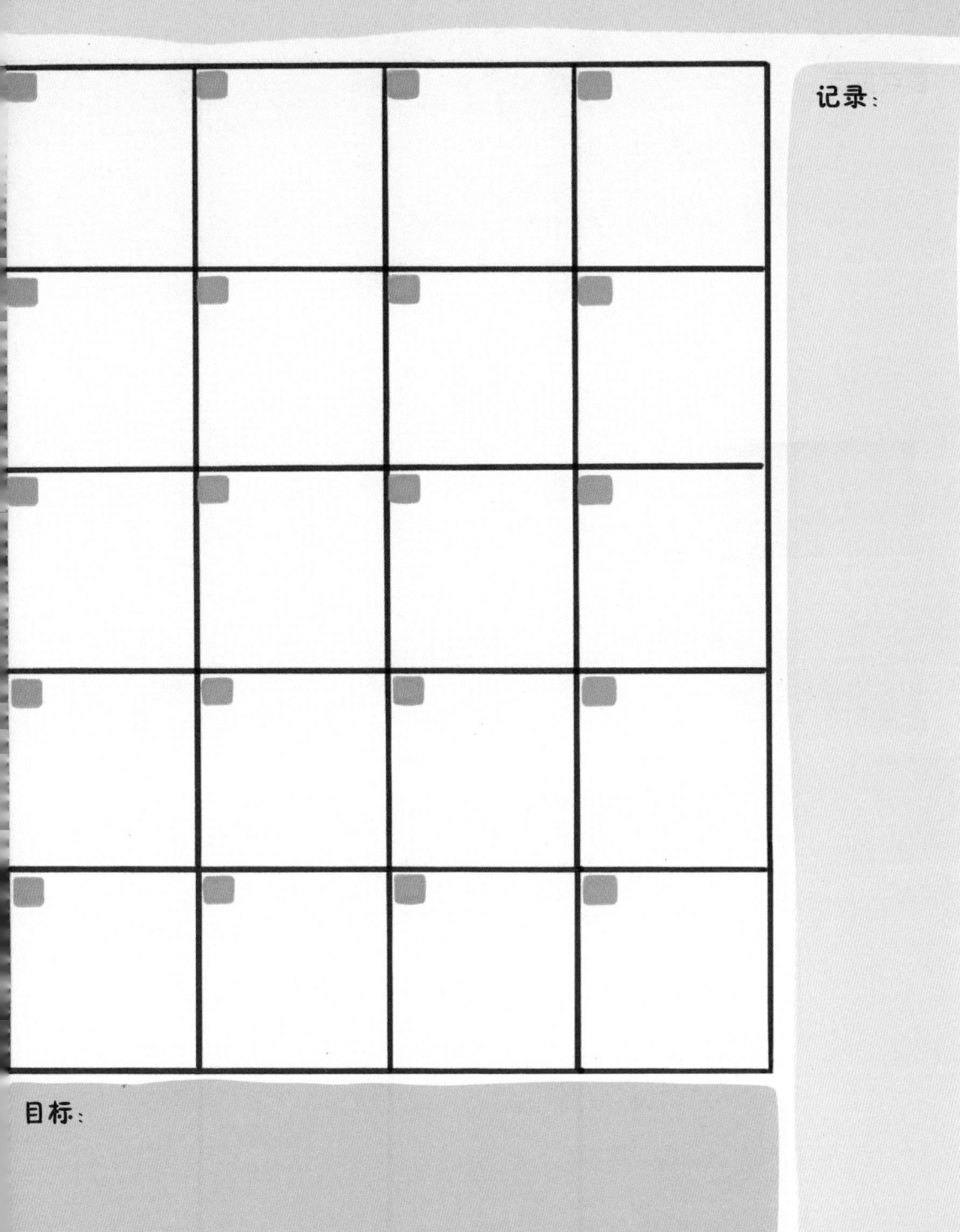

记录：

目标：

13

要点提示：

待做事项：

月份：

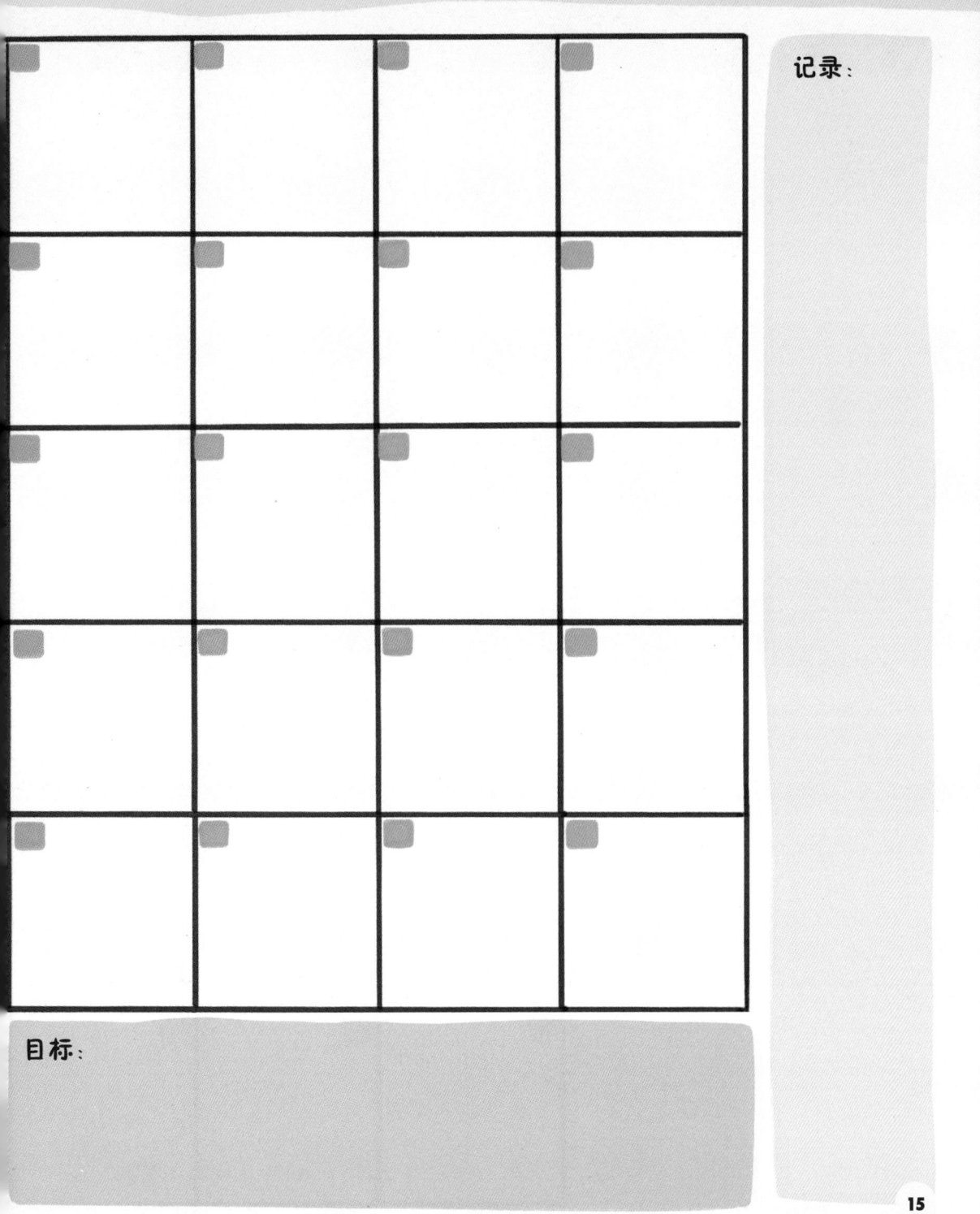

记录：

目标：

15

要点提示：

待做事项：

月份：

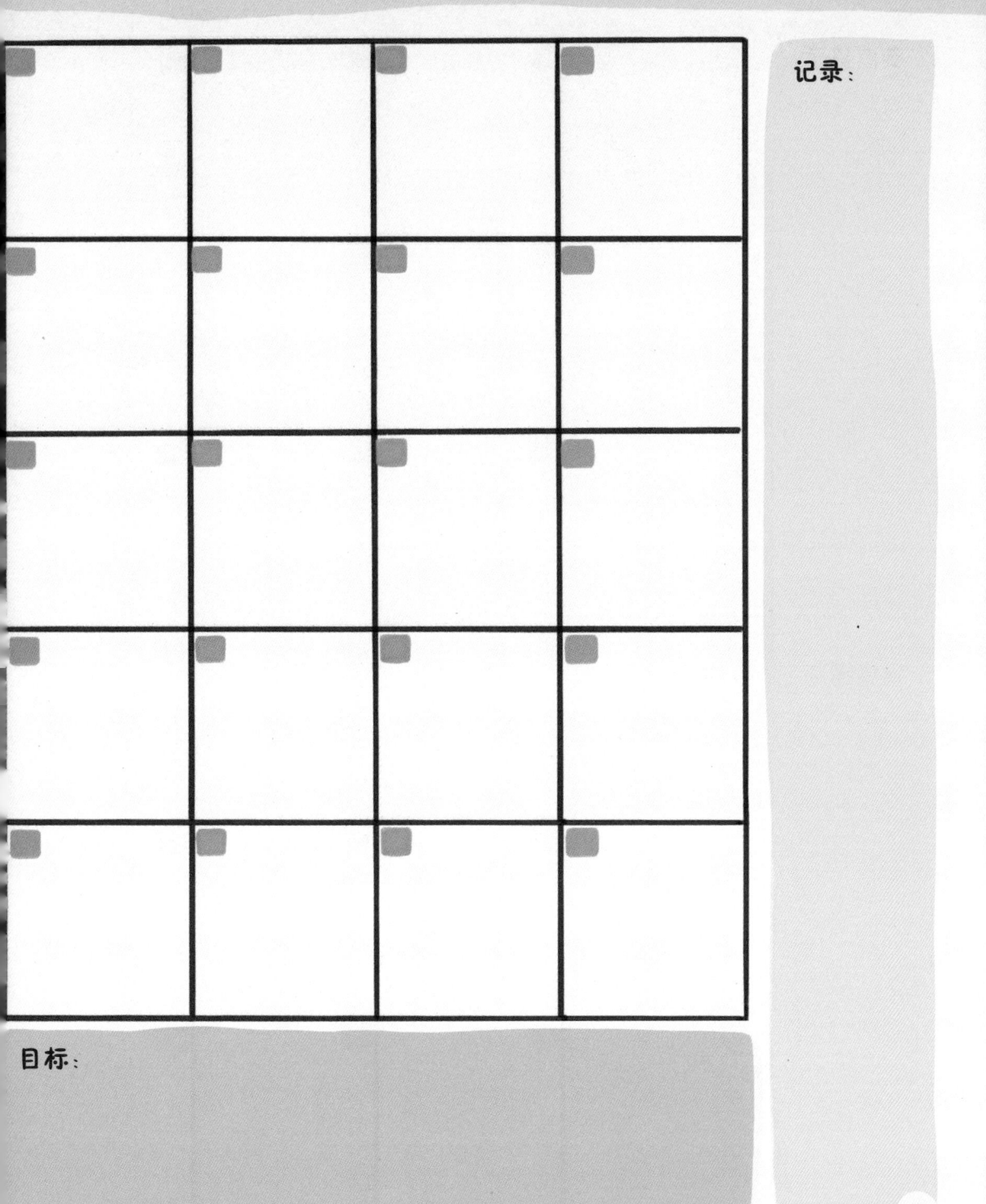

记录：

目标：

要点提示：

待做事项：

月份：

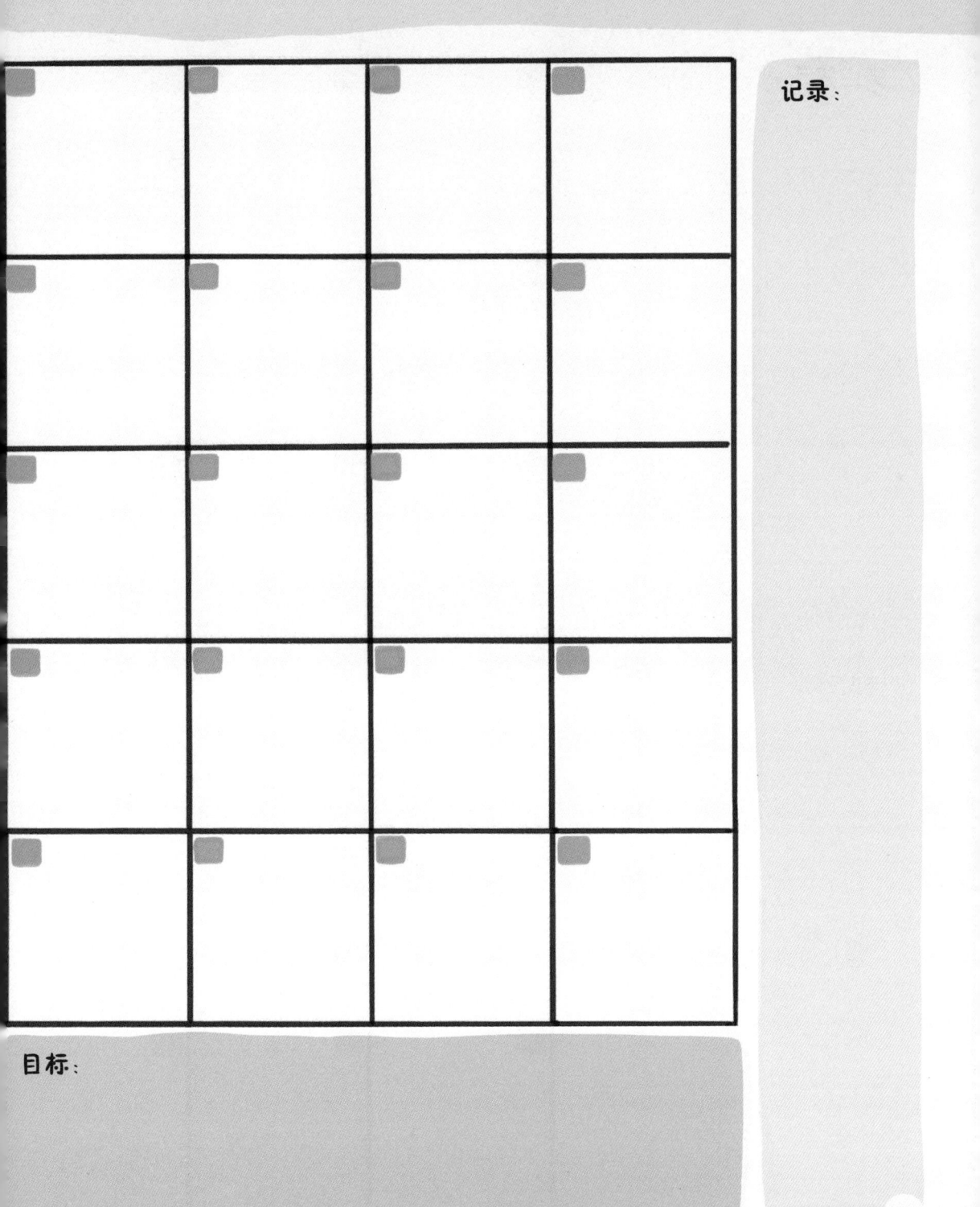

记录：

目标：

要点提示:

待做事项:

月份：

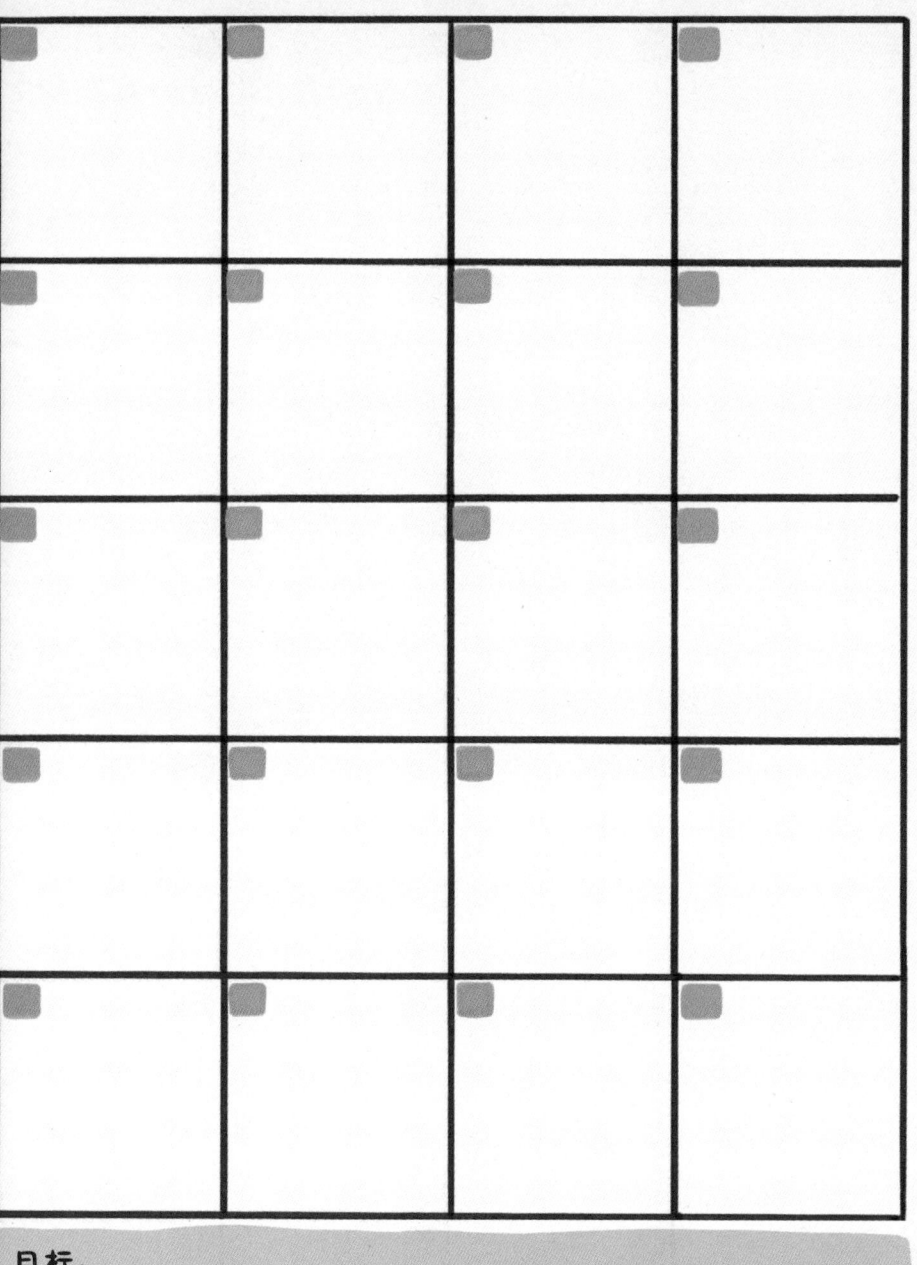

记录：

目标：

要点提示：

待做事项：

月份：

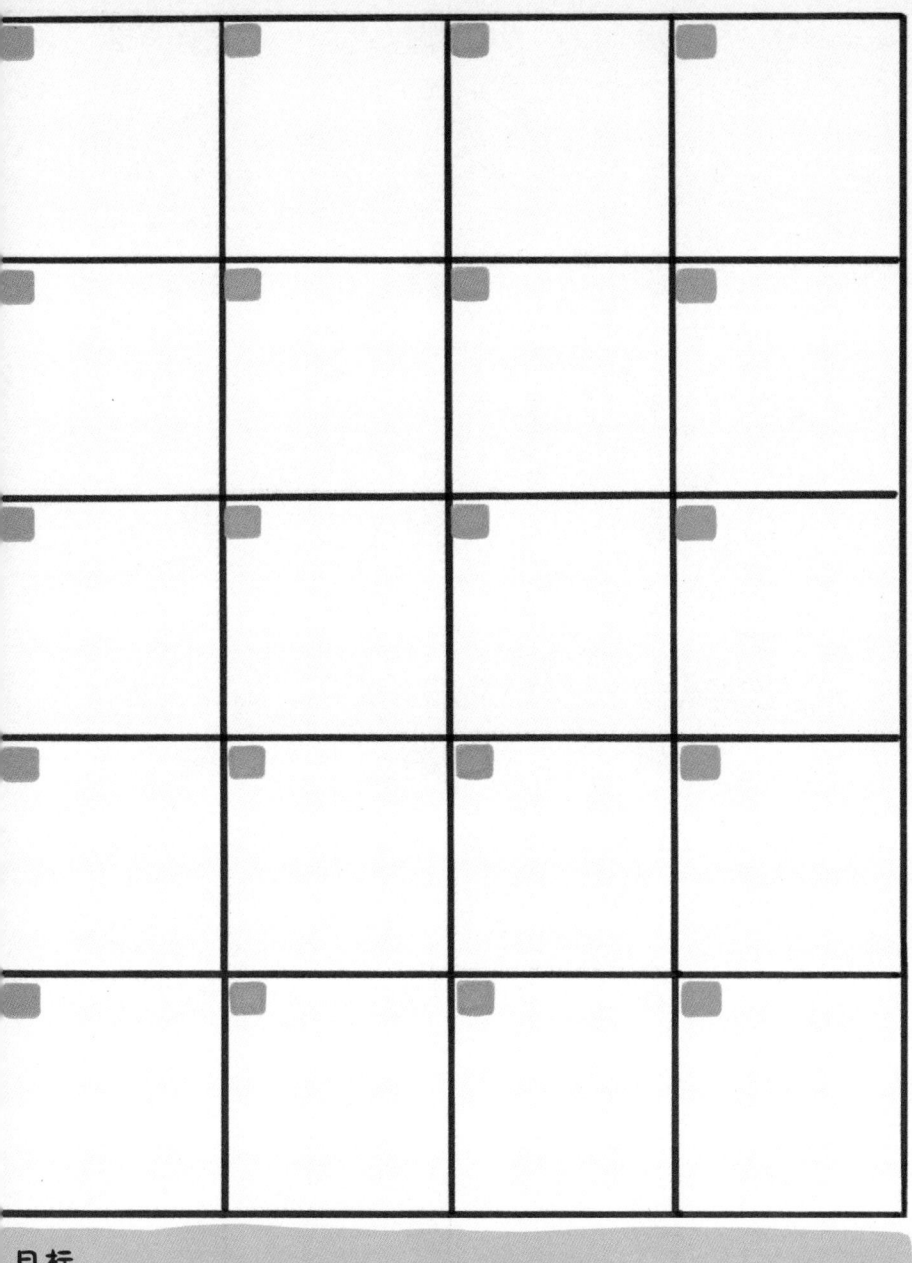

记录：

目标：

要点提示：

待做事项：

月份：

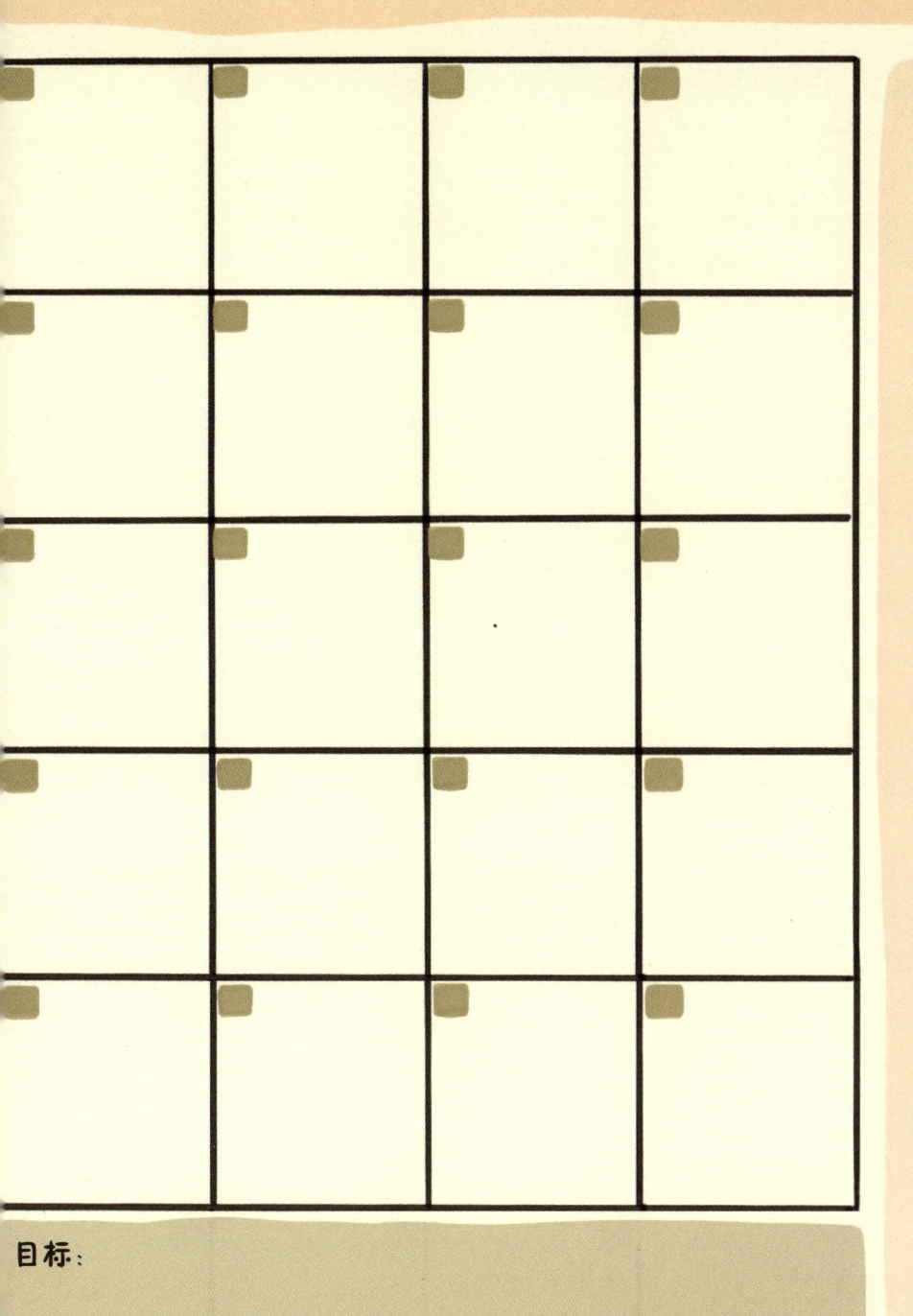

记录：

目标：

25

要点提示：

待做事项：

月份：

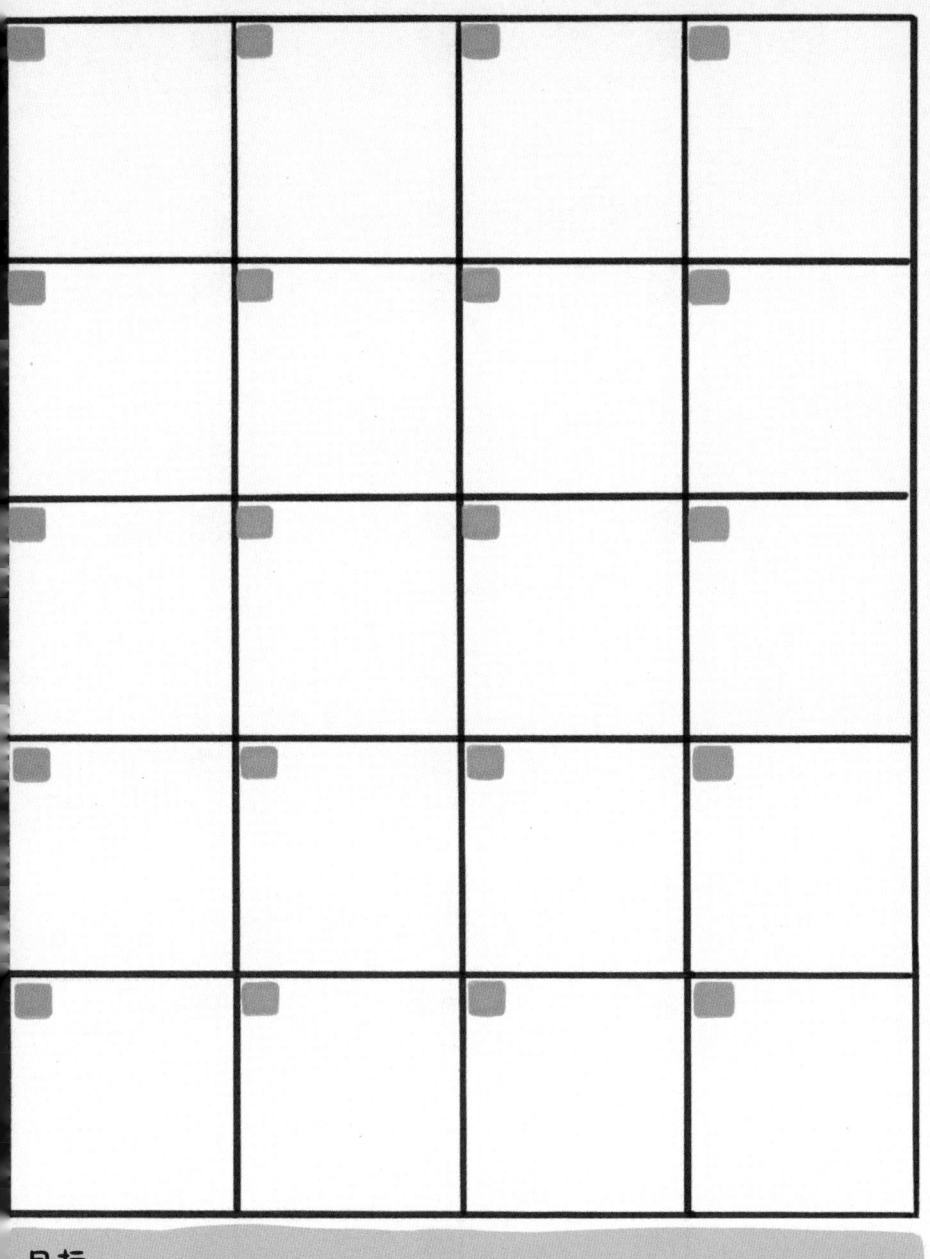

记录：

目标：

27

要点提示：

待做事项：

月份：

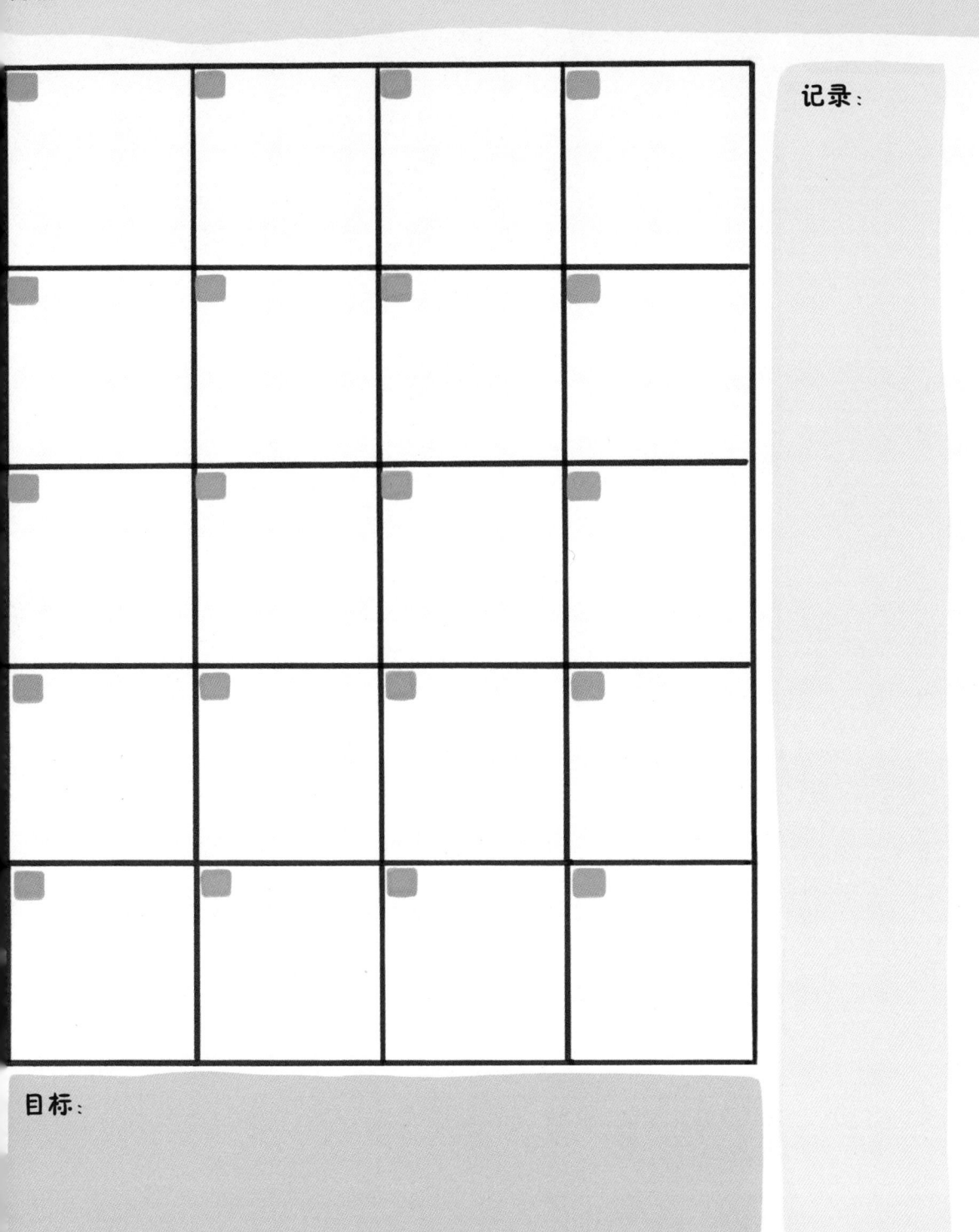

记录：

目标：

练习使人进步

告诉你一个真相：写一本书很难，真的很难。很容易被汹涌而来的后续工作搞得手足无措。不论你一开始多么干劲十足，你都会在半路上遇到障碍。所以，我们接下来会把你要写的书当成一座森林，而把书里的每一部分当成一棵树。

给每一座"作家森林"想出一个你喜欢的主题，比如写作花费的小时数，计划完成的章节数，每次写作增加的字数，等等。然后给每一棵树标上具体的价值——3个小时的工作，完成的一章，写作了1000字。最终目标是相同的：给森林里的这些树按照标记的价值一棵一棵地涂上颜色，直到你完成一个更大的目标——不管这个目标是什么。

尽量让你的目标现实一点，同时又有点儿挑战性。如何把握二者之间的平衡因人而异，每个写作者都会有所不同，而且过程中还可能出现小差小错。如果你发现你的计划不合适，别犹豫，修改它！

作家森林

33

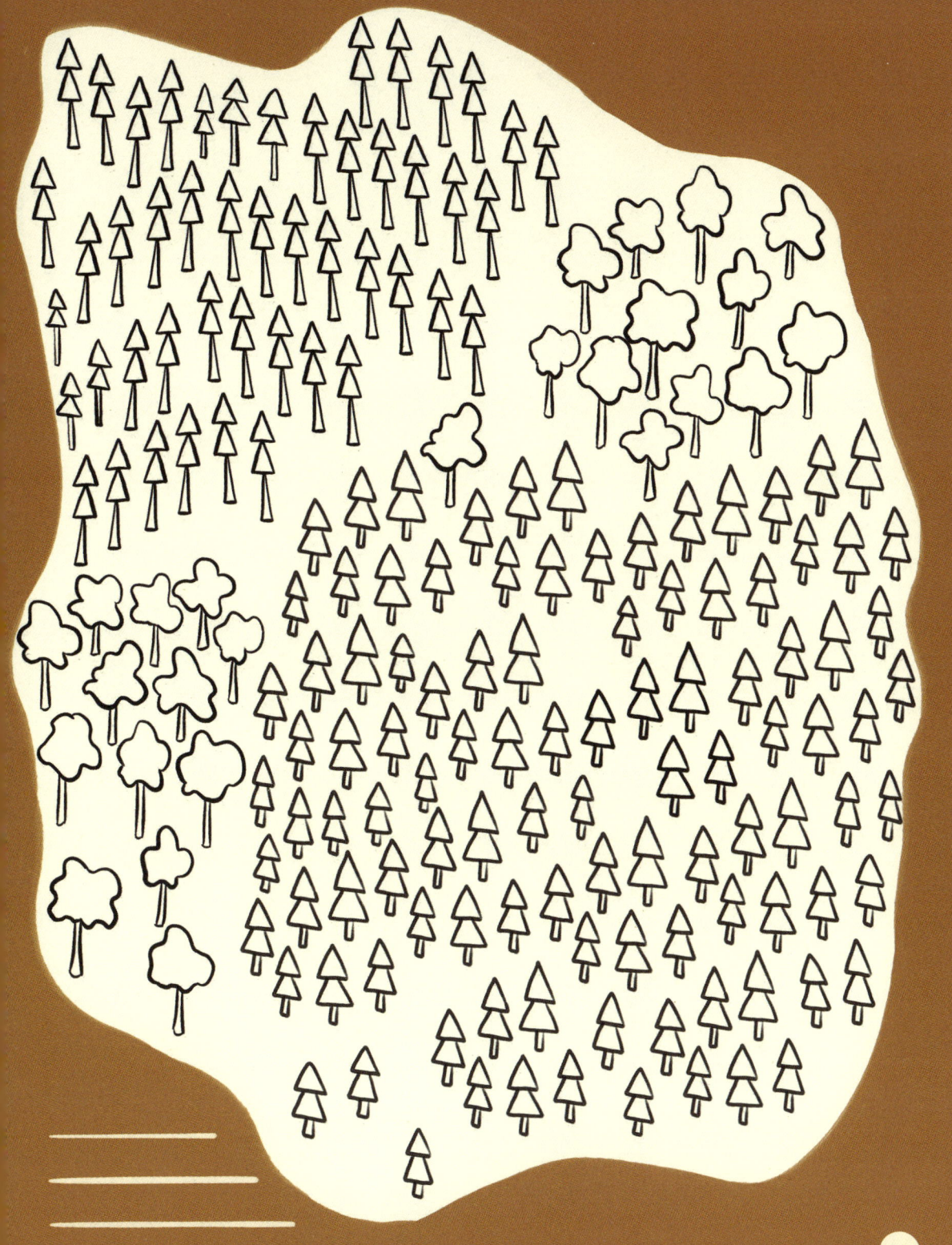

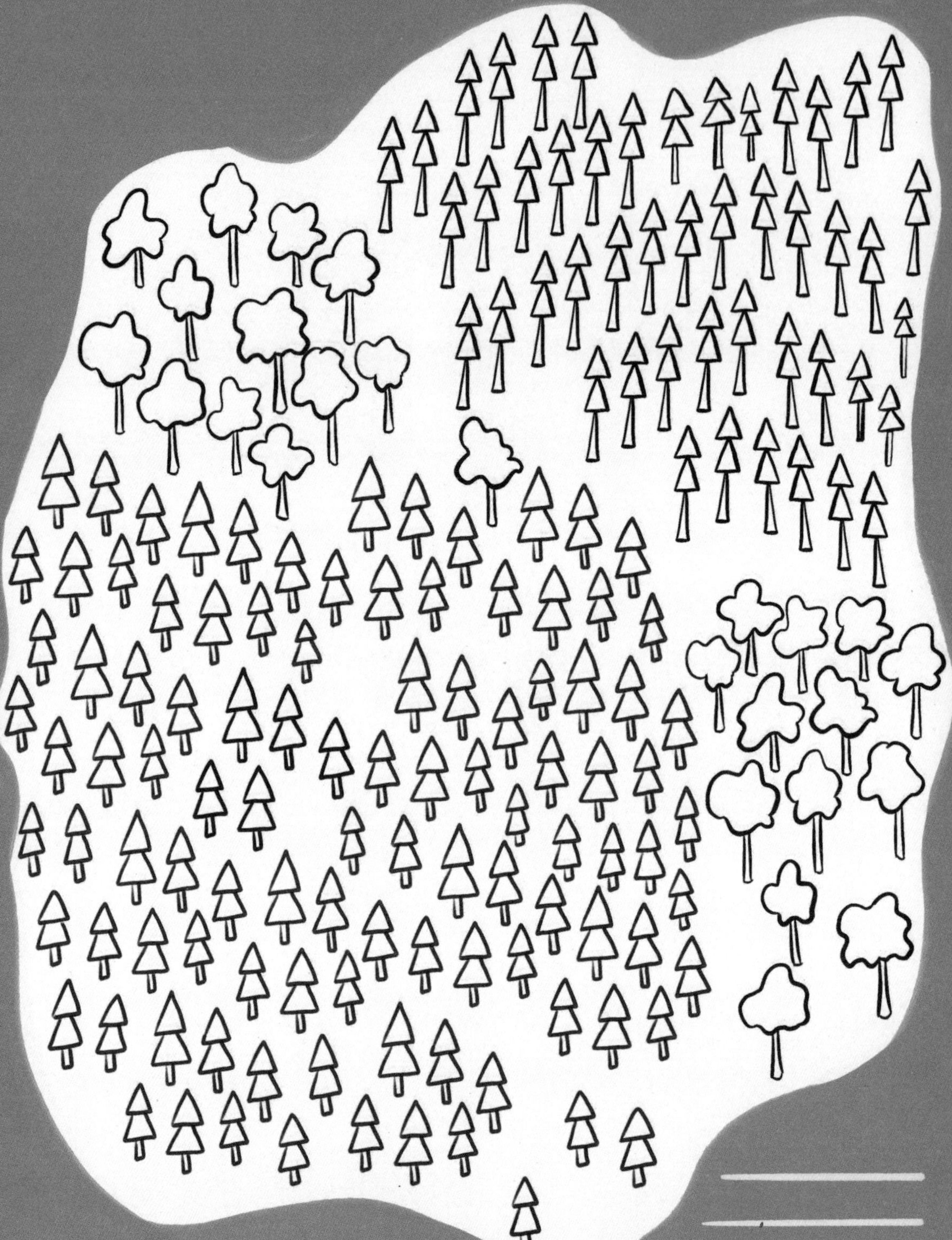

35

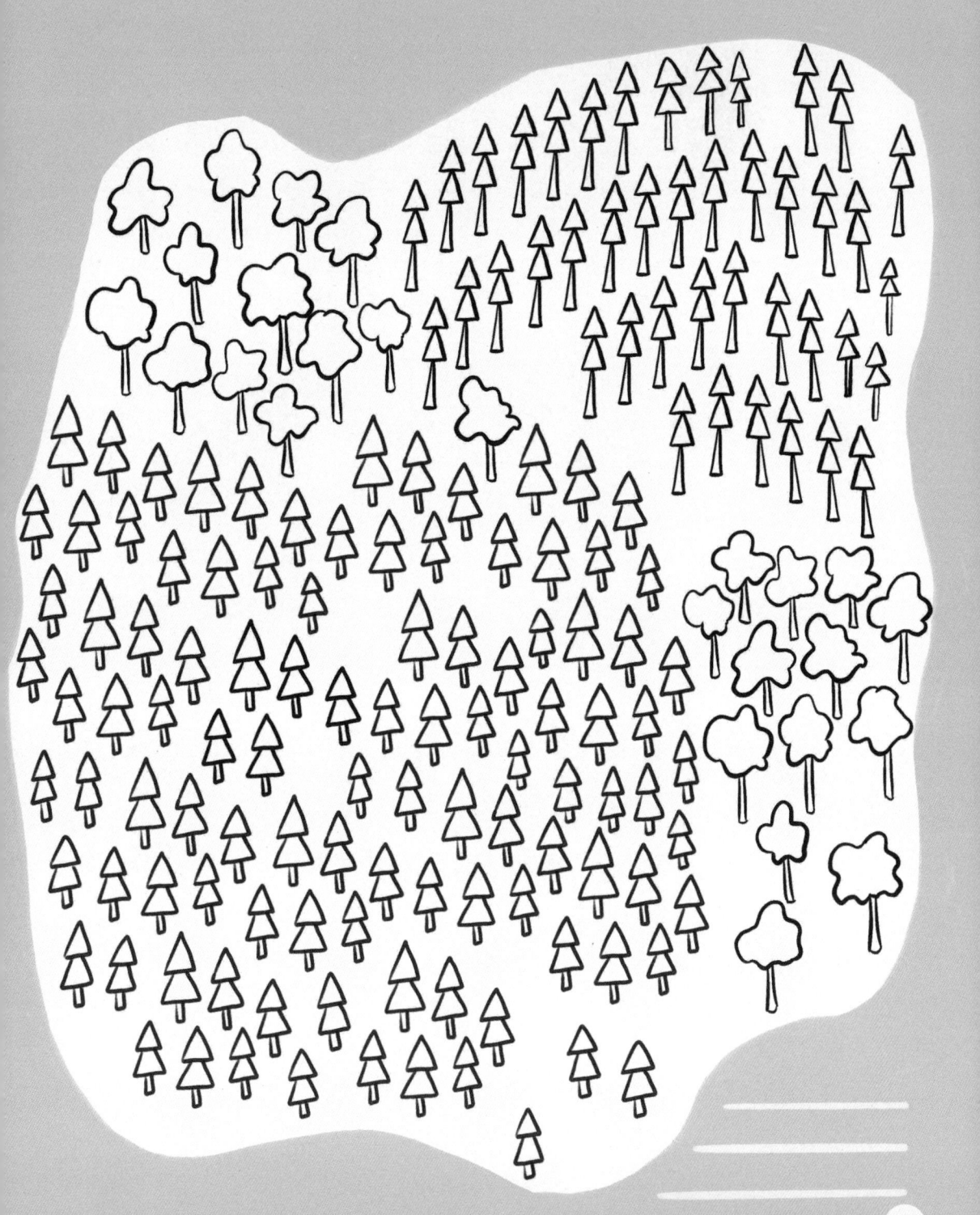

列大纲与随意写

不论你是那种严肃理性、用颜色条码标记故事大纲的写作者（就像伊莎贝尔），还是那种自由洒脱、听凭灵感和直觉像风一样随时带给你新发现的写作者（就像阿德里安娜），每个人都需要在故事发生的时候把它写下来。你写的字数越多，你的手稿就越像一头野兽。如果你不保持全神贯注，它可能——也必然——会将你吞噬。

在接下来的几十页中，你将发现一个荒蛮的、未经驯化的空间。在这里，你需要设计出你的故事轮廓，什么形式都可以，只要对你有用。喜欢用故事板？那就用吧。更喜欢那种老式的公告板上的要点列示？那就用吧。你可以使用任何一种故事结构体系，安置尽可能多的细节——或是尽可能少的细节，看你喜欢多还是少。把它们分成幕、故事段、场景、章节……分成什么都行！如果你喜欢用提示卡，可以找一个软木板，我们把提示卡也印出来了（见60～71页），它们能帮你把设计的场景可视化。把你的所有镜头都召唤到这里吧。只需听从我们的建议，然后拿一支带橡皮的铅笔。故事会慢慢拥有它自己的想法。

需要一点儿灵感？

用下面两页的例子检查一下吧。

在月光下编织

I. 第一章

A) 引入希梅纳（诱饵）、卡塔丽娜（女伯爵）以及其他次要人物。人们都很饿。希梅纳的精神状况：沮丧且愤怒。

B) 卡塔丽娜努力辨认星星的位置。希梅纳在一旁独自编织——看到了英卡西撒的魔法。

C) 阿托克送走他的信使。（反面人物-瞥）

D) 治安官阿尔·罗伯留下的些许痕迹。（爱情元素 ♥）

II. 第二章

A) 一条消息：卡塔丽娜的婚约。

B) 引入一点牧师的痕迹。（反面人物 #2）

C) 希梅纳获知，在一场削弱他们力量的行动中，安娜被绑架了。希梅纳杀掉了信使。

III. 第三章

A) 希梅纳和卡塔丽娜发生争执，希梅纳说服了卡塔丽娜，让她代表卡塔丽娜去阿托克那里。

B) 希梅纳发现阿斯特蕾拉不见了。

C) 希梅纳和索菲娅离开保留地，穿越药地。

D) 索菲娅被杀害。

大海送还的女孩

- 引子 ← 托娃在夜莺的叫声中醒来
- 场景
  - 引入魔法与神话
  - 构建世界与人物
  - 引入世界冲突
  - 构建背景故事与张力
  - 澄清魔法并让故事运转
- 托娃投掷符咒 → 大结局时刻
- 乔路德把她叫到祭祀屋 → 托娃的过去
- 维格迪斯报告邻村袭击贝坎 → 乔路德的角色作用和内心冲突
- 兄弟之间的冲突
- 维格迪斯猛烈攻击托娃 → 作为反面人物的维格迪斯

47

50

52

60

63

64

65

67

68

70

71

人物档案指南

我们都知道，人物的发展能够成就一个故事，也能够毁掉一个故事。不过，你该如何塑造你的人物，从而让读者上钩，吸引他们一直翻页往下看呢？答案是：尽可能让你的人物显得真实。这并不是说你的人物不能拥有超能力，或是无法应对非凡的境遇。而是说，当你让人物一路烈火烹油地辗转走来，你要让读者感到他是一个活生生的、会呼吸的人，读者感觉自己和他有关，能和他联系在一起，会关心他。

要做到这一点，最好的办法是去深入地了解你的人物。你必须了解人物方方面面的细节，了解他们的人生、他们的观点，这些东西读者可能永远都不会发现，然而它们正是驱动人物采取行动、做出反应的闪光之处，也正是这些小小的与众不同之处让他们令人难忘。

只有花上大量时间，和你的主人公、反面人物甚或一众次要人物相处，才能做到这一点。你可以使用接下来的"人物档案指南"，把它们作为起跳点，但是不要止步于此。如果有哪个细节吸引了你的注意力，就好好开发它。说不定，它会成为令读者念念不忘的兴趣点所在。

如果你是那种喜欢一边写草稿一边开发人物的写作者，也别害怕。你可以在写作过程中的任何一个环节使用下面的指南。当人物向你呈现出自己的特点时，返回去把细节填在里面。它是一个需要你一次又一次回来查看的全面参考目录。

人物档案指南

姓名:　　　　　　　　　　**年龄:**　　**生日:**

外表特征:

与主要人物的关系/联系:

早期生活:

故事中的角色/职业（他们是谁？为什么出现在这里？）：

精神/思想/哲学理念：

他们相信的谎言：

他们在这个世界上最想要什么：

他们需要什么（不论他们自己知道与否）：

动机（是什么驱动着他们的行动以及观念？）：

鬼怪（最大的恐惧？是什么烦扰着他们？）：

逃避，抗争，停滞（当灾难发生时，他们会怎么做？）：

人格类型（迈尔斯-布里格斯的人格类型，九型人格，等等）：

最喜爱的回忆，以及最痛苦的回忆：

秘密：

优势：

弱势：

道德准则（他们生活中的原则是什么？他们绝不会突破哪些红线？）：

人物弧线（单个人物的总体发展，以及上升和下降）：

人物档案指南

姓名:

年龄:　　**生日:**

外表特征:

与主要人物的关系/联系:

早期生活:

_____
_____
_____
_____
_____
_____
_____
_____
_____
_____
_____
_____
_____
_____
_____
_____

故事中的角色/职业（他们是谁？为什么出现在这里？）:

精神/思想/哲学理念：

他们相信的谎言：

他们在这个世界上最想要什么：

他们需要什么（不论他们自己知道与否）:

动机（是什么驱动着他们的行动以及观念？）：

鬼怪（最大的恐惧？是什么烦扰着他们？）：

逃避，抗争，停滞（当灾难发生时，他们会怎么做？）：

人格类型（迈尔斯-布里格斯的人格类型，九型人格，等等）：

最喜爱的回忆，以及最痛苦的回忆：

秘密：

优势：

弱势：

道德准则（他们生活中的原则是什么？他们绝不会突破哪些红线？）：

人物弧线（单个人物的总体发展，以及上升和下降）：

人物档案指南

姓名：

年龄： **生日：**

外表特征：

与主要人物的关系/联系：

早期生活：

_____
_____
_____
_____
_____
_____
_____
_____
_____
_____
_____
_____
_____
_____
_____
_____

故事中的角色/职业（他们是谁？为什么出现在这里？）：

精神/思想/哲学理念：

他们相信的谎言：

他们在这个世界上最想要什么：

他们需要什么（不论他们自己知道与否）：

动机（是什么驱动着他们的行动以及观念？）：

鬼怪（最大的恐惧？是什么烦扰着他们？）：

逃避，抗争，停滞（当灾难发生时，他们会怎么做？）：

人格类型（迈尔斯-布里格斯的人格类型，九型人格，等等）：

_____

_____

_____

最喜爱的回忆，以及最痛苦的回忆：

秘密：

优势：

弱势：

道德准则（他们生活中的原则是什么？他们绝不会突破哪些红线？）：

人物弧线（单个人物的总体发展，以及上升和下降）：

人物档案指南

姓名：　　　　　　　　　　**年龄：**　　**生日：**

外表特征：

与主要人物的关系/联系：

早期生活：

故事中的角色/职业（他们是谁？为什么出现在这里？）：

精神/思想/哲学理念：

他们相信的谎言：

他们在这个世界上最想要什么：
_____
_____
_____
_____

他们需要什么（不论他们自己知道与否）：
_____
_____
_____
_____

动机（是什么驱动着他们的行动以及观念？）：

鬼怪（最大的恐惧？是什么烦扰着他们？）：

逃避，抗争，停滞（当灾难发生时，他们会怎么做？）：

人格类型（迈尔斯-布里格斯的人格类型，九型人格，等等）：

最喜爱的回忆，以及最痛苦的回忆：

秘密：

优势：

弱势：

道德准则（他们生活中的原则是什么？他们绝不会突破哪些红线？）：
_____
_____
_____
_____
_____
_____

人物弧线（单个人物的总体发展，以及上升和下降）：
_____
_____
_____
_____
_____
_____
_____
_____
_____
_____
_____
_____
_____
_____

人物档案指南

姓名:　　　　　　　　　　　　　**年龄:**　　**生日:**

外表特征:

与主要人物的关系/联系:

早期生活:

故事中的角色/职业（他们是谁？为什么出现在这里？）：

精神/思想/哲学理念：

他们相信的谎言：

他们在这个世界上最想要什么：

他们需要什么（不论他们自己知道与否）：

动机（是什么驱动着他们的行动以及观念？）：

鬼怪（最大的恐惧？是什么烦扰着他们？）：

逃避，抗争，停滞（当灾难发生时，他们会怎么做？）：

人格类型（迈尔斯 - 布里格斯的人格类型，九型人格，等等）：

最喜爱的回忆，以及最痛苦的回忆：

秘密：

优势：

弱势：

道德准则（他们生活中的原则是什么？他们绝不会突破哪些红线？）：

人物弧线（单个人物的总体发展，以及上升和下降）：

人物档案指南

姓名：

年龄： **生日：**

外表特征：

与主要人物的关系/联系：

早期生活：

_____
_____
_____
_____
_____
_____
_____
_____
_____
_____
_____
_____
_____
_____
_____

故事中的角色/职业（他们是谁？为什么出现在这里？）：

精神/思想/哲学理念：

他们相信的谎言：

他们在这个世界上最想要什么：

他们需要什么（不论他们自己知道与否）：

动机（是什么驱动着他们的行动以及观念？）：

鬼怪（最大的恐惧？是什么烦扰着他们？）：

逃避，抗争，停滞（当灾难发生时，他们会怎么做？）：

人格类型（迈尔斯-布里格斯的人格类型，九型人格，等等）：
_____
_____
_____
_____

101

最喜爱的回忆，以及最痛苦的回忆：

秘密：

优势：

弱势：

道德准则（他们生活中的原则是什么？他们绝不会突破哪些红线？）：

人物弧线（单个人物的总体发展，以及上升和下降）：

世界构建指南

不论你的故事发生在中世纪幻想王国里，还是在太阳系中一颗遥远的星星上，或是位于太平洋西北部人迹罕至的山脉地带的一个当代宗教部落，都有一件事情是确定无疑的：你需要构建一个世界，就像塑造人物那样一丝不苟。

透彻地理解你的世界，以及它是如何运转的，能够证明那些呈现在纸面上的哪怕只是纤毫毕现的细节都确凿真实。读者可能根本读不到一本关于你创造的虚构世界的书，但是作为这个世界的创造者，你应该能写出这样一本书。

接下来的指南将带你构建世界的地基，这样你就能着手去开发你的世界，设计它的运转方式。如果你在写草稿前还不清楚一些重要细节，也不是什么大问题。等你有了清晰的想法，开始要问一些问题了，即使你还没有答案，都可以再回到这里。

世界构建指南

世界的名称：

地貌特征（地形，水面，大气，地表类型——沿海／山脉／沙漠）：

气候 & 季节：

周围的世界（附近的城市周边，国家，王国，行星）：

重要地标（城市，河流，咖啡馆，街道，城堡，小巷，小农场，房屋）：

生活形式（人类，神灵，超自然生物，机器人，外星人）：

超自然元素 & 魔法系统：

政府组织结构（部落，民主，专治，议会或长老制，等等）：

掌权者（谁在管理这个世界，是什么样的管理者？）：

世界的历史（过去发生了什么，造就了今天这个世界？宏观和微观原因都要考虑到）：

最大的威胁：

科技水平（原始，先进，作家创造的科技）：

武器：

资源（在这个世界可以找到什么资源，用来获利、生存或贸易？）：

建造材料（人们在这个世界上用什么搭建建筑？砖，石头，钢铁，还是自然物？）：

服装，鞋 & 珠宝：

交通方式（人们近距离和远距离的交通方式是什么？）：

食物：

经济（是什么驱动这个世界的经济运行？使用什么货币？人们如何谋生？）：

动物&植物：

精神信仰&体系：

115

制图指南

并非只有沉思型小说作者才会在创作中使用地图。视觉指南是很有帮助的，它能帮你把书中所有重要的地点都展示出来。不论你写的是当代题材、奇幻作品、科幻小说还是历史小说，你的小说总要发生在某个地方，而一份地图能够让所有事实都站得住脚。

可能和你想的不同，要制作一份地图，你不必非得是名艺术家，你也不必非得已经写完一部书稿。当你还在打草稿这个草丛里跋涉的时候，就可以给你的世界描绘一幅地图，说不定它还能帮你发现故事中之前未曾留意的东西。不知道该从哪儿开始？没关系。

在接下来的几页中，你会看到一个方便实用的检查清单，上面罗列了你在落笔之前要考虑的一些东西。

制图检查清单

- 给你的世界里有意义的地点列一个清单。你的故事高潮是发生在一家烘焙店，还是在悬崖边？你的人物是在一个特别的湖畔露营吗？要确保将这些地点都包括进来，附带记下所有相关的外貌或自然地标。

- 接下来，画出你的世界的边界线。画得不必有多完美，但你的确要先想好你的大部分故事将在哪里发生。画的过程中问自己一些问题：你的王国或是小镇里有海岸线吗？如果有，对你的故事有影响吗？问这些问题有助于你找准故事地图的焦点所在。设想一下周边其他国家或领地以及它们之间的往来距离，也是个不错的主意。

- 现在，是时候描绘出你世界当中那些特定的地貌了。它们可能会发生改变，但是这种描绘有助于你把故事里的环境都过一遍。有草地吗？有冻土带吗？或者，有沙漠正在渐渐入侵你的人物的家园吗？同样，要记住，水是从山上流下，汇入较大的水面，再流入大海的。如果你想把每一棵树都画出来，那就尽量去画，但其实只要把那里有什么写清楚就够了。

■ 每一个让你感兴趣的点都要提到，但不必花力气把每一处都画得精准正确。用简单的圆圈画出城市，用弯曲的线条画出湖泊河流，这样就可以了。目的是显示出每个地方有什么东西。

■ 注明每一个地标的名称。在我们修补某个场景的时候，会发现我们经常漏掉一条街道或山脉的名称。你在写初稿的过程中，还可能给同一座城市用了三个不同的名字。然而，如果你给每一个地标都恰当地命名，你的地图就会帮你在写稿过程中保持前后一致。

■ 最后，把你的人物经常行经的路线或街道画出来，以便记录他们的行动轨迹，了解他们从一个地方去往另一个地方大概需要多长时间。

在接下来的几页中，把你想象的世界展示出来，要记住，你的地图会伴随着你的故事有所发展。在整个写作过程中，你都可以随时回来，按你的想法更新和修改，想改多少都可以。

草图页面

有的时候，你只需要一个画面就够了。地图，蓝图，表格，家庭树……什么都可以。这里是你的领地，由你来开发，由你来创建。

头脑风暴页面

修改，思考，或者玩味你心中所想之物。用接下来的十几页记下你的研究结果，展开自由写作，需要的话，甚至可以彻底推翻某个场景。别害怕迷失在"如果—怎样"的假想中。

第二部分
把故事写出来

修改清单

对于写一本书而言，完成第一稿可以说是最令人生畏的部分。然而敲下"故事到此结束"，并不意味着工作就做完了。修改的过程中会出现很多魔法。当所有这些文字和纸页开始呈现出你最初构想的故事的样子时，你会发现，这个工作虽然繁杂，却也乐趣多多。

写作的时候，可以做一个待办事项清单，边写边更新，这样当你准备修改稿件的时候，它已经等在那里了。这些事情可能是你想要记上两笔的东西：人物或故事线的改动，待编辑的地理标记，节奏的微调，来自批评伙伴或是试读好友的反馈，等等。如果这些词语中有些对你来说还比较陌生，别担心——它们不过是些花哨的标签罢了。

批评伙伴（名词）：批评伙伴指的是作家同行，他们愿意读你的作品，并给你的作品提出批评意见，以便帮你把故事写得更坚实可靠。他们的建议可能包括对情节、人物或风格的批注等。

试读好友（名词）：试读好友指的是一种试验性的读者，他们会基于自己的阅读体验给你反馈。这种反馈比较典型地集中在情节漏洞、故事节奏及读者可能反应最大或是最能产生共情的地方。

在修改的时候，着重去关注那些你可能过度使用的要素是个不错的思路。如果你从初稿中时不时地看到一些字词、短语或是描述用语出现，你就可以给自己节省点时间啦——把它们记到你的"润色清单"里，过后再来搜索这些词语。

为了给这个阶段制订一个有效、有序的计划，我们可以把修改分成三种类别，分别指代它们对故事的重要性和所需的工作量：

大量（或巨量）修改，位于清单的最上端，包括结构改动或重写书稿中的某一场景。

中量（或中等水平）修改，包括调整主人公的动机或某一特定主题的连贯性。

小量（或微量）修改，即一些小的改动，比如对某处描写的微调，统改某物的名称，或把对话调整得更加紧凑。

按你最喜欢的方式来划分你的修改清单，要记住：你可以随时调整你的方案。

润色清单

如果你已经修改完初稿,接下来就要润色、润色、再润色啦!手稿已经写完——即便你感觉你的故事永远不会"写完"。你得到了一个可观的总字数,一本你心爱的书——不过在它被专业人士出版并供人阅读之前,你需要拿一把细齿梳子把它好好地梳一梳,找到每一个潜藏在里面的打结处。

■ 检查错别字

即便在你输入文字的时候系统已经自动给你提示了修改,通查一下全稿的错别字依然是个好主意。如果你的故事里有你的自创词语,词典或是百科全书里找不到的那种,要确保你把它们记在一个可随时更新的清单上,这样你就可以随时检查词语使用的一致性。

■ 检查语法

如果你语法学得不错,那使用程序自带的语法检查功能就足够了。如果你认为自己的语法不是特别好,你可能要考虑请教专业人士,比如专业文字编辑或作家朋友,他们有敏锐精准的眼光,可以帮忙给你的手稿把一下关。

调整格式

谈到格式，它是有行业标准的，特别是当你要给经纪人或编辑提交手稿的时候。这些标准可以确保你的作品方便阅读且好做标记（如果需要的话）。

- 如果你不是用微软 Word 软件写作的，把文件转换成 Word 格式。
- 所有方向的页边距都调整为 1 英寸[1]。
- 使用 Times New Roman 字体 12 磅字号。[2]
- 全部文档都使用双倍行距。
- 插入页码，从第一章的第一页开始。
- 确保每一章都有一个醒目的章题，不论你使用的是数字还是特定的标题内容。

书名页

书名全大写，把你的名字放在第一页的中间。把你的联系方式放到左下角。

开头和结尾

重读每一章的开头和结尾。确保你的开头句能把读者吸引住，让他迫不及待地想要读下去。结尾句要确保能让读者把那一页翻过去。

被动话语

最后读的时候，要特别注意你的被动句和多余的词语，避免让你的场景软弱无力。

重复

在写初稿和修改的时候，把你会过度使用的元素标记出来。它们可能是词语、短句、背景故事里的小花絮，甚至是感叹号。当你准备润色书稿的时候，可以使用搜索功能一次性处理这些地方。

---

[1] 1 英寸等于 2.54 厘米。——译者注
[2] 指英文情形，具体到中文的情形，可参考小四号宋体字。——译者注

一切尽在书名中

很少有作者足够幸运，在写作伊始就有了一个伟大的书名，能够贯穿故事始末。对于我们大多数人来说，会先用一个工作书名写作，我们知道它只是临时的，一旦出版商介入，可能会更换不止一次。要记住这一点，以免你对某个书名投入太多情感。文学经纪人、图书编辑以及市场营销团队都会在某个节点发挥影响力，所以，尽管你应该对起个好书名煞费苦心，但你也要保持开放的心态。

也就是说，你仍然需要给你的书稿起个书名，而找到合适的书名可比让它听上去不错要复杂多了。书名是有任务的。一本书的字里行间所蕴含的故事是图书最重要的组成部分，但也只是一个部分。对读者来说，故事隐藏在图书封面以及——书名背后。这些都是图书的一部分。封面的任务是吸引读者的目光，当他们在书架旁浏览的时候，会停下脚步，然后，如你所期待的，拿起这本书。

书名的任务：

- 激发读者兴趣。通过书名邀请读者进入真实的故事中，你要么击中读者，要么失掉读者。太直白或太精确都不好，这样只会适得其反。想象拿起一本小说，名叫《僵尸故事》。听起来没啥意思，对吧？但是当你在真实与神秘之间找到一个令人满意的平衡点，就能将读者吸引进来。我们可以再想一想这个书名，比如改成《活死人传说》。

- 传递一种写作观或情绪基调。字多的、诗意的书名可能适合抒情作家的作品，你想让作品的声音贯穿始终。或者，你可能想要一种清晰的表达风格，比如明朗简洁的浪漫喜剧，或是黑暗阴郁的悬疑故事。

- 让读者想提问题。有时候，最好的书名就是那些能够引发读者好奇心的。可能是文字游戏，看似矛盾的词语，或者第一眼看上去不明就里的题目。关键在于，要确保你的书名和你的故事仍然深度关联。还以前面的僵尸为例，如果书名叫《与活死人共进晚餐》，怎么样？这样一来，立马就能让读者在脑海里产生画面。说不定还很震惊，因为我们知道，僵尸会吃人。有了这个书名，想象力会补全剩余的部分。

最伟大的壮举是让一个书名同时实现以上三个目标，不过这可绝非易事。对于有些书来说，这是不可能的。你要把这一点记在心里：即便只能实现一个目标，也足以让你的故事有一个很不错的书名了。它不但让你的书拥有了一个好机会，让读者去翻开它，或是翻到封底去看内容介绍——更进一步，说不定读者会翻开第一页瞧上一眼。

这个练习的目的是帮你细化对书名的期望，然后开发一些备选项，直到碰到那个合适的题目：它不仅令你喜爱，还足以完成你需要它完成的任务。

书名工作表

在下面的空行处，随笔记下你最近看到的吸引你的书名。不必都是和你写的故事同一类型或同一种体裁的。想不起来？到附近的书店转转，在可能放置你的书的书架上仔细考察一番。

_____　　_____
_____　　_____
_____　　_____
_____　　_____
_____　　_____
_____　　_____
_____　　_____

现在，将你的注意力放在你的故事上。是什么要素令它与众不同？什么让它从同类体裁的作品中脱颖而出？你认为读者最容易产生共鸣的是什么？

_____
_____
_____
_____
_____
_____
_____

尽可能多想一些形容词来描述你的故事的情绪、语气或感觉。如果它是一首歌，你会怎么形容它？积极向上的？过耳不忘的？还是幽默的？把你想到的每一个形容词都写下来。

现在，按重要性识别出你故事里的名词——你书中具体的、发挥重要作用的人名、地名或物品名。把这些名词写在下面的横线上。

标记出在你书稿的世界中独一无二的词语。可能包括那些虚构的种族名称、魔法系统里的术语，甚至是你故事线上居于核心位置的物品。

书稿中是否有特别朗朗上口或令人激动的句子？能当成标题吗？

故事呈现的主题是什么?

通过标题,你想激发读者什么样的情感?你想让读者有什么样的感觉?

可能的标题

把这一页当成一个收纳筐，写下任何一个你在写作时大脑中出现的标题或字词组合。记住，即便是糟糕的想法，这里也欢迎。有时候，它们会摇身一变，成为不错的标题。

推荐稿

有些时候，每位写作者都不得不写一份推荐稿。具体该怎么做呢？首先，弄清楚这个推荐稿到底是什么、你能用它做什么，这一点对你是有帮助的。推荐稿是一种精确的描述，它将你的故事篇幅大大压缩，同时保留其中最吸引人的地方。它的目的是给作者一种和经纪人、编辑或专业人士直接沟通自己书稿的方式，同时还要引起他们的兴趣。推荐稿有长短两种形式，不论长短如何，每一份推荐稿都要包含一些相同的关键要素。

将一整部小说浓缩到只有几句话，可不是件容易的事。在这个过程中，你要做好准备，牺牲掉一些你喜欢的细节。把你想让人知道的每一个细节都放进推荐稿中是根本不可能的，所以，我们必须集中关注一些必须保留的要素。

接下来，你将看到阿德里安娜的《深海天空》的短推荐稿，以及伊莎贝尔的《写在星光下》的长推荐稿，它们能帮你直观地看到这些要素是如何放到一起，产生效果的。

在接下来的写作页面中，你要识别出你自己故事中的关键要素：引人入胜的钩子、人物、核心冲突、目标和危机时刻。

深海天空

↗ 谁!

伊琳被当作战士培养长大,要为两个部落间的世代血仇而战。但是那一天,当她看到战场上那不可能的一幕发生,她的人生永远改变了——她的哥哥,正在和敌人并肩而战。

五年前她亲眼目睹哥哥的死去。

↳ 钩子!

当她被捕并强行送去和哥哥的新家人一起生活,伊琳必须面对哥哥的背叛,并在重重围困她的敌人随时可能夺走她的性命和荣耀之前,发现她失去他的那一天,究竟发生了什么。

↓ 目标!

↘ 危机时刻!

↓ 核心冲突!

写在星光下

↑钩子! ↑谁?

英卡西撒的女伯爵卡塔丽娜·奎罗加失去了她的一切。王位,她的家,还有她最好的朋友。卡塔丽娜被新上任的女王从英卡西撒驱逐到了亚努丛林,她必须用尽一切智慧生存下去,还要躲避潜藏在生机勃勃的绿色屏障后的掠食者的攻击。

然而当她意外遇见了她的前任将军之子曼纽尔,她在女孩时期爱慕的男孩,她成功地说服他去寻找帕提提,那座被遗失的黄金之城,也是隐藏在茂密丛林深处的艾拉利部落的家园。有了他们的帮助,她就有机会夺回自己与生俱来的权利。

↑核心冲突!

在去往帕提提的路上,他们将共同面对神秘的野兽、潜藏在地下的神秘力量,以及有可能令他们丧命的陷阱。如果他们最终找到了帕提提,卡塔丽娜将提出与艾拉利国王成婚,以确保同艾拉利形成联盟,共同对抗她在英卡西撒的敌人。但与此同时,她也要压制自己对曼纽尔日渐增长的感情,只为她这个不顾一切后果的计划能够成功。

目标↗   目标 #2 ↙

就在这个时候,艾拉利遭遇了一场来自内部的竞争者的危机,在他们同意结盟之前,卡塔丽娜需要先证明她自己,赢得他们的信任——干掉乌马克,一位拥有神赐血液魔法的祭司,他的存在威胁到这片丛林之地,以及艾拉利人珍视的一切。如果卡塔丽娜失败,她将再也无法返回家园,完成她身为英卡西撒正统女王的使命。

↑危机时刻!

荐稿清单

钩子是什么？也就是故事的开头要素，它能让读者投入你的故事当中，并促使他们继续翻页看下去。

_____
_____
_____
_____
_____

故事是关于谁的？你要传达的关于你主要人物的最关键信息是什么？

_____
_____
_____
_____
_____

核心冲突是什么？你的故事很有可能会有很多冲突以及充满张力的情节点，但是你要识别出其中最有意义的那个——你的故事维系于此。

_____
_____
_____
_____
_____

目标是什么？主人公必须要做什么来解决核心冲突？

危机时刻是什么？如果你的主人公没能完成目标，会发生什么？

现在，请你再看一遍你对以上问题给出的答案，然后将它们精简，并写在下面。要避免出现不必要的词语或重复信息。推荐稿必须精练，绕来绕去的东西越少越好。看看你能否只用几句话就将这些要素组合在一起，以钩子开头，以危机时刻结尾。可能需要尝试几次，给自己点儿耐心。

大纲

和推荐稿类似，你的大纲就是个摘要。不过推荐稿会以牺牲重要的细节为代价，来达成简洁，而大纲则让你深度挖掘书稿的内容，给故事一个更广阔且完整的视野。它还回答了推荐稿提出的所有问题，包括揭示结局这个事。

如果你计划向文学经纪人投稿，你手头需要有一份故事大纲。很多经纪人要求在投稿资料里附上大纲；如果你的推荐稿引起了他们的兴趣，他们也会找你要一份大纲，来更多地了解你的故事。要是你有签约经纪人，大纲也能派上用场，他们在向出版社卖书稿的时候会提交一份。

写大纲可能会让人感觉无所适从，其实对于不同的目的，有不同种类的大纲来匹配。完成大纲以前，一定要确保自己读了投稿指南，即经纪人或任何一个你为他写大纲的人给的一份包含一页或几句话的要求。这一信息通常能在他们的网站上找到。所有大纲都有一个共同点：它们带着读者一步一步走进故事。

从大纲里应该可以很方便地看到你的故事梗概。即便你不是一位情节导向的作者，你也应该在写草稿和修改稿件的过程中，整理出一个经过组织设计的故事梗概，这样做能让你对故事有一个全景式的视角。在起草大纲的时候参考这样一份故事梗概是很有用的，因为你必然会用到你的故事结构作为路线图和节拍器。在第169页，你将看到阿德里安娜的《费布尔》的故事大纲，看看这些元素是如何起作用的。

在完成工作表之前，记住以下要点：

- 要聚焦。和推荐稿相似的是，我们设法囊括故事中所有你觉得有趣或特别的细节。一定要确保你的大纲中介绍的每一个要素都有它的价值，且十分必要。

- 直击要点。要压制钻牛角尖或过度解释的冲动。

- 避免重复。如果你已经在大纲的某一部分通过人物或世界描写提供了某一信息，确保别在后面其他部分再重复它。要惜字如金。

- 只介绍对以下内容来说绝对关键的人物和故事线：要么是故事的核心冲突，要么是主人公的内心冲突。

- 使用你自己的声音。要确保从一段故事到另一段故事的描述不会抹去你作为写作者的声音。这里虽不是你展示所有技巧的地方，但是大纲里至少应该保留一点你个人的写作风格。

- 确保故事的危机时刻一目了然。故事的危机时刻在大纲开始的时候就应该易于理解，然后由此发展情节。如果故事里没有危机时刻，别人也就没有理由继续读下去了。

费布尔

费布尔那一年只有十四岁，她的家，一艘名为云雀号的船，带着她的母亲沉到了深深的海底。第二天早上，她的父亲森特，峡湾上最有权势的贸易商人，把她留在了杰沃岛上，只给了她一把刀和一个承诺。

自她目送父亲扬帆离去，已经四年了，费布尔成长为一名技术熟练的挖矿人——自由潜泳到海底，从珊瑚礁上手工挖凿珍贵的宝石，拿来交换钱币——就像她那位名声在外的母亲一样。除了睡觉之外的每一分钟都被她用来积攒钱币，等她攒够了，她就要用来交换离开这座岛的航程。她要去找森特，要在他的船队中顶替母亲的位置。当她在珊瑚礁上新发现了一处秘密的晶石窟，她比以往都更接近她的目标了。

然而，其他挖矿人听到了风声，知道了她的钱币越来越多，她不得不比计划时间更早逃离杰沃岛。她将自己的性命交到一个名叫韦斯特的人手上，这位年轻的贸易商人来自峡湾对面，每两个星期会过来向她购买一次宝石。

他的船叫万寿菊号，船上的船员并不信任费布尔，不过韦斯特同意带她穿过峡湾，作为交换，她要付出自己积攒的几乎所有钱币。没过多久，费布尔就发现，这艘船，以及船上的船员，一切都迷雾重重，万寿菊号远不止韦斯特伪装出的贸易船只那么简单。

她亲眼看见船员犯下残暴罪行，直观感受到贸易商人世界的残忍无情。慢慢地，她将事实汇集起来。万寿菊号只是一艘影子船，他们为她的父亲工作，她父亲向船员放债，而他们永远也不可能还上。费布尔也不是唯一一个产生怀疑的人。船员开始担心，费布尔是否知道了可能会要他们命的秘密。最危险的还是她的真实身份——峡湾上最有权势的贸易商人的女儿，而这个人恰好就是他们的老板。

危险的船载着她穿越海面，自从母亲沉入深深的海底，费布尔再也没到过这片海域。在峡湾上一次前所未有的暴风雨中，这艘船几乎倾覆。而与此同时，到处都是她父亲的势力范围和影响力，以及他日渐增多的敌人。在这份敌人名单上，排名第一的就是邪恶的贸易商人佐拉，他和万寿菊号船员之间有宿仇，已经干掉了他们不少人。他保持着航行路线，能够很便捷地驶向费布尔的船，很显然，他知道她不像看起来那么简单。

万寿菊号最终到达目的地，费布尔找到了父亲，然而等待她的不是四年以来梦寐以求的重聚。当她提出要以挖矿人的身份加入他的船队，就像母亲之前那样，他拒绝了，这深深地伤了她的心，还有她的灵魂。她被送走了，只带着他这些年来为她保留的财产继承权——云雀号沉没的地点，以及船上贵重的货物。她还获知了韦斯特的真实情况，实际上韦斯特遵照她父亲的命令，在过去的两年中一直秘密地看护着她。她唯一的选择就是接受森特的建议，一个人上路，走向这个自己一出生就身陷其中的危险世界。

和佐拉的宿仇争斗升级了，佐拉向韦斯特发起一次猛烈的攻击，还扯烂了万寿菊号的帆，然后把这艘船丢在海面上让它动弹不得。森特不愿意去救援自己这艘影子船，这让费布尔发现了机会，她返回万寿菊号，拿出自己仅有的东西——她的财产继承权。她要求在船队中获得一个永久的位置，作为交换，她愿意替他们偿还欠父亲的债，让他们摆脱债务束缚，去做自己的买卖。出于费布尔无法理解的理由，韦斯特拒绝了，不过其他船员的投票否决了他的决定，费布尔最终找到了新的起点。而随着费布尔了解到过去两年中韦斯特都秘密为她做过哪些事，她找到了真爱。韦斯特和费布尔决定相信彼此，由此，父亲对于贸易商人危险生活的原则被某些东西打破了。

费布尔带领船员前往云雀号沉没地点，接下来她和父亲保持着一种脆弱的平衡关系。然而就在她要乘着万寿菊号驶向全新生活的时候，她被佐拉抓住了，并被绑到他的船上。她被带到离峡湾很远的地方，在那里，她将慢慢知道，以前母亲的生活或许就是她的未来。

大纲工作表

介绍你的主人公，要比推荐稿中加入更多的细节和上下文背景。确保将直接相关的信息包括进来，能够暗示人物的核心特征、动机以及渴望。

在大纲中还要介绍谁？用几个我们需要知道的细节简要记下每一个人物。要记住，只写那些对主人公内心冲突或外部冲突不可或缺的人物。

你需要把哪些有关你的故事世界的细节包括进来？假如你写的是推理小说，除非必不可少，否则一定要把你自己发明的那些名称或术语，那些需要很多上下文才能理解的东西清理干净。

触发事件是哪一个？识别出让故事发动起来、将你的主人公引入即将开始的故事中去的时刻。

_____
_____
_____
_____
_____
_____
_____
_____
_____
_____
_____
_____

从这里开始，你将跟随你的故事梗概，开始你的故事，一次一个地进入主要的故事情节点。不要让自己迷失在杂乱无章的荒草中，或是陷入太多的描述，脑子里要清楚自己写了多少字。朝着故事中间点推进故事，再向故事结局行进，直至结尾。

你必须暗示你的故事结局，不论它是一个反转，还是有重要的真相大白于世。还要确保你触及主人公人物弧线的顶点，这些都应该清晰地展示在大纲中。

要记住，现在还只是粗粝的草稿，所以你可以让它尽量好玩一点。一旦捕获了你想要包括在内的全部要素，便修改它，直到把你的大纲修葺到合适的篇幅。

投稿

出版一本书的方式不止一种,可以简单地把它们分成两类:自助出版,以及传统出版。随着自助出版机会的增多,越来越多的写作者走上了这条路。他们不需要寻找文学经纪人做代理来帮他们卖书。而如果你打算按照传统出版的方式出书,你大概率需要一位经纪人。

把你的作品卖给经纪人,指的就是"投稿"。经纪人会代理你的作品,将它们推销给出版机构,与对方协商合同条款,一般还会帮忙引领你走上作家之路。你能从网上找到与这一流程有关的大量信息,而在这一部分,我们将帮你改进你的推荐稿或投稿信的内容,也就是你要发给经纪人的东西。

你可能听说过有关这一部分的出版流程,叫作"投稿沟渠",这么称呼它是有理由的。当你涉入四处问询的洪流,你作为一名作家的热情会不断经受测试,你一次又一次地下定决心,想要弄明白所有这些到底是怎么一回事。我们无法为你简化这个程序,但是我们向你保证,你并不孤独。即便是那些最成功的作者,他们也曾经是电子邮箱里的一封投稿信,所以相信我们说的,在这个隧道的尽头,有亮光。

你的投稿信承载了很多东西,因为它是文学经纪人对你作品的第一印象。让他们感觉枯燥或困惑,你就可能收到一封可怕的退稿信。引起他们的兴趣或让他们拍案叫好,你就可能收到充满期待的反馈,他们会向你要部分或者全部手稿——接下来,你就能让他们读你的故事。

说到投稿这个话题，我们可以找到很多观点和策略，不过这里要给你的是一个简单的三段法（好吧，技术上来说，是四段），可以用来发给绝大部分经纪人的邮箱。里面的每一段都有它的目的，能把所有相关细节都糅进投稿信，而不会降低它的价值。

在后面的投稿工作表中，你可以一次处理一个段落，直到你完成所有部分，然后把它们组装到一起。要确保你的投稿信自始至终都体现了你独特的声音，不要害怕展现你的才华。还有，别忘了对照经纪人的提交指南检查你最终的投稿信，以确保你没有漏掉任何一条要求。

等你完成这个工作表，你就可以用下一页里伊莎贝尔的《一同燃烧》的投稿信作为例子，对照一下，大致能看出你最终的投稿信会是什么样的。

一同燃烧

> 主人公的年龄和身份介绍！

18岁的扎热拉·扎尔维达是一位有天分的弗拉明戈舞者，她是伊斯帕里亚最著名的斗龙武士的女儿，伊斯帕里亚的地名灵感来自中世纪的西班牙。人们不顾旅途遥远，来到她爸爸的竞技场，观看他与龙搏斗，这个竞技场将来也会属于她。扎热拉一心想捍卫她的家族荣誉，为维持他们在王国的显赫荣耀出一份力。

> 构建世界！

> 主人公的愿望是什么

> 触发事件！

在庆典表演时受到灾难性攻击和屠杀，扎热拉的生活瞬间改变。斗龙行业协会想牢牢控制她的天赋，扎热拉别无选择，只能受训成为斗龙武士。但是，当这片土地上最有才华的猎龙人——就是那位帅得恼人的阿图罗·迪亚斯·德·芒特塞瑞特——拒绝帮忙时，她感到难以接受。

> 经历

> 第二个人物！

当她秘密训练如何在竞技场上生存时，扎热拉发现了一个针对她和她家人的邪恶阴谋。如果她不能在性命攸关的比赛中获胜，揭露破坏她珍爱的一切的幕后元凶，她将失去她家人世代居住的祖屋，还将经受之前任何一个扎尔维达家的人都从未经受过的灾难：毁掉家族的名声和遗产。

> 危机时刻！

《一同燃烧》是一部11.5万词的青少年奇幻小说，会吸引以下作品的读者：阿德里安娜·扬的《费布尔》、佐拉伊达·科尔多瓦的《煽动者》，还有谢尔比·马胡林的《蛇与鸽子》等。我的处女作《在月光下编织》2020年1月上架。我也是插图者和绘图设计者。想进一步翻阅我的作品，请访问：isabelibanez.com 或我的Instagram账户：@isabelwriter09。

> 同类比较！

> 内务整理！

投稿工作表

第一段

> 介绍你的人物。构建你的世界。分享你的主人公最迫切的需求和障碍。

第二段

> 描写主人公在处境逆转及必须跨入新现实的情境下,遇到的诱发因素或关键节点。暗示你的主人公将要踏上的旅程。

第三段

　　代入危机时刻。如果你的主人公没有完成他的旅程，会发生什么？如果失败了，会导致何种结果？一定要清晰地展示出张力。

第四段

　　在有些地方做标记，这一部分是你的内务整理信息，包括书名、字数、类型，以及所有你需要分享的关于你个人的特殊信息。你也许还想包括"同类比较"，即你认为可以和你的书相提并论的已出版作品。这部分内容要简明扼要、直截了当。

现在你要修改这些段落,每一段都要修改出可以放进你的投稿工作表的终稿。作为一项实用法则,你的投稿工作表篇幅长度应该在 500 词左右,大概是单倍行距一页的篇幅。有些经纪人对篇幅长度有不同要求,所以在投稿前应该核准他们的送审要求。

第一段

第二段

第三段

第四段

文学经纪人

你的书已经写好，你的投稿工作表已经做完。现在只需要等你的文学经纪人将它送给出版机构。说起来容易做起来难，不是吗？

好消息是你在写作和修改小说的过程中就能够搜索经纪人。不清楚从哪里开始？去当地的书店，翻阅你认为和你的故事类似的那些书后面的致谢，或者查看你认为与你的作品在某种程度上有相似之处的书的作者。在这些致谢里，作者通常会感谢他们的经纪人，一旦你找到一个合适的经纪人的姓名，就要开始在互联网上搜索他。

这就是一个了不起的开端，因为查看一个经纪人已经代理的作家类型，能够很好地说明他的文学品位。你也可以在多种网上数据库和公共资源网站上查看经纪人具体的信息。这些分内的适当的勤奋努力，会让经纪人明白：你了解他代理的作家以及他希望代理的作品，这对你可是大有裨益的。

有经验的作家都懂得，查询所有的经纪人并非明智之举。你想合作的是那些业内享有盛誉、有过成功代理经历，且与出版机构已经建立良好关系的经纪人。如果你想找一个事业刚刚起步的新经纪人，就应该留意他合作的是什么类型的代理机构，他代理的都是什么类型的图书，近期他代理出版的又是什么书。

底线：在扩大你的经纪人搜索名单的时候，一定要有所选择，不能让想出版的愿望妨碍你挑选合适的经纪人。

在寻找经纪人的过程中，你可以汇编一个你想要投稿的经纪人名单，包括他们的联系方式和投稿指南。要特别注意他们列在网站上的所有具体要求，比如需要提交提纲或样章等。一旦你列出来最终名单，你就可以按照投稿日期、查询日期和经纪人回复等追踪你的投稿工作表。

我们能给出的最好建议是：准备长期等待，保持足够耐心——但同时，不要把时间浪费在寄希望于你目前的手稿能够给你带来经纪人上。在等待回复的过程中，开始下一部作品的构思吧。这样，无论这次投稿问询的结果如何，你都有能量继续前行。

经纪人查询表

经纪人姓名：

代理机构：

代理客户：

邮箱：

投稿要求：

投稿寄送日期：

查询日期：

经纪人回复：

经纪人姓名：

代理机构：

代理客户：

邮箱：

投稿要求：

投稿寄送日期：

查询日期：

经纪人回复：

经纪人查询表

经纪人姓名：

代理机构：

代理客户：

邮箱：

投稿要求：

投稿寄送日期：

查询日期：

经纪人回复：

经纪人姓名：

代理机构：

代理客户：

邮箱：

投稿要求：

投稿寄送日期：

查询日期：

经纪人回复：

经纪人查询表

经纪人姓名：

代理机构：

代理客户：

邮箱：

投稿要求：

投稿寄送日期：

查询日期：

经纪人回复：

经纪人姓名：

代理机构：

代理客户：

邮箱：

投稿要求：

投稿寄送日期：

查询日期：

经纪人回复：

经纪人查询表

经纪人姓名：

代理机构：

代理客户：

邮箱：

投稿要求：

投稿寄送日期：

查询日期：

经纪人回复：

经纪人姓名：

代理机构：

代理客户：

邮箱：

投稿要求：

投稿寄送日期：

查询日期：

经纪人回复：

经纪人查询表

经纪人姓名：

代理机构：

代理客户：

邮箱：

投稿要求：

投稿寄送日期：

查询日期：

经纪人回复：

经纪人姓名：

代理机构：

代理客户：

邮箱：

投稿要求：

投稿寄送日期：

查询日期：

经纪人回复：

经纪人查询表

经纪人姓名：

代理机构：

代理客户：

邮箱：

投稿要求：

投稿寄送日期：

查询日期：

经纪人回复：

经纪人姓名：

代理机构：

代理客户：

邮箱：

投稿要求：

投稿寄送日期：

查询日期：

经纪人回复：

经纪人查询表

经纪人姓名：

代理机构：

代理客户：

邮箱：

投稿要求：

投稿寄送日期：

查询日期：

经纪人回复：

经纪人姓名：

代理机构：

代理客户：

邮箱：

投稿要求：

投稿寄送日期：

查询日期：

经纪人回复：

经纪人查询表

经纪人姓名：

代理机构：

代理客户：

邮箱：

投稿要求：

投稿寄送日期：

查询日期：

经纪人回复：

经纪人姓名：

代理机构：

代理客户：

邮箱：

投稿要求：

投稿寄送日期：

查询日期：

经纪人回复：

经纪人查询表

经纪人姓名：

代理机构：

代理客户：

邮箱：

投稿要求：

投稿寄送日期：

查询日期：

经纪人回复：

经纪人姓名：

代理机构：

代理客户：

邮箱：

投稿要求：

投稿寄送日期：

查询日期：

经纪人回复：

经纪人查询表

经纪人姓名：

代理机构：

代理客户：

邮箱：

投稿要求：

投稿寄送日期：

查询日期：

经纪人回复：

经纪人姓名：

代理机构：

代理客户：

邮箱：

投稿要求：

投稿寄送日期：

查询日期：

经纪人回复：

经纪人查询表

经纪人姓名：

代理机构：

代理客户：

邮箱：

投稿要求：

投稿寄送日期：

查询日期：

经纪人回复：

经纪人姓名：

代理机构：

代理客户：

邮箱：

投稿要求：

投稿寄送日期：

查询日期：

经纪人回复：

经纪人查询表

经纪人姓名：

代理机构：

代理客户：

邮箱：

投稿要求：

投稿寄送日期：

查询日期：

经纪人回复：

经纪人姓名：

代理机构：

代理客户：

邮箱：

投稿要求：

投稿寄送日期：

查询日期：

经纪人回复：

经纪人查询表

经纪人姓名：

代理机构：

代理客户：

邮箱：

投稿要求：

投稿寄送日期：

查询日期：

经纪人回复：

经纪人姓名：

代理机构：

代理客户：

邮箱：

投稿要求：

投稿寄送日期：

查询日期：

经纪人回复：

经纪人查询表

经纪人姓名：

代理机构：

代理客户：

邮箱：

投稿要求：

投稿寄送日期：

查询日期：

经纪人回复：

经纪人姓名：

代理机构：

代理客户：

邮箱：

投稿要求：

投稿寄送日期：

查询日期：

经纪人回复：

经纪人查询表

经纪人姓名：

代理机构：

代理客户：

邮箱：

投稿要求：

投稿寄送日期：

查询日期：

经纪人回复：

经纪人姓名：

代理机构：

代理客户：

邮箱：

投稿要求：

投稿寄送日期：

查询日期：

经纪人回复：

经纪人查询表

经纪人姓名：

代理机构：

代理客户：

邮箱：

投稿要求：

投稿寄送日期：

查询日期：

经纪人回复：

经纪人姓名：

代理机构：

代理客户：

邮箱：

投稿要求：

投稿寄送日期：

查询日期：

经纪人回复：

再见

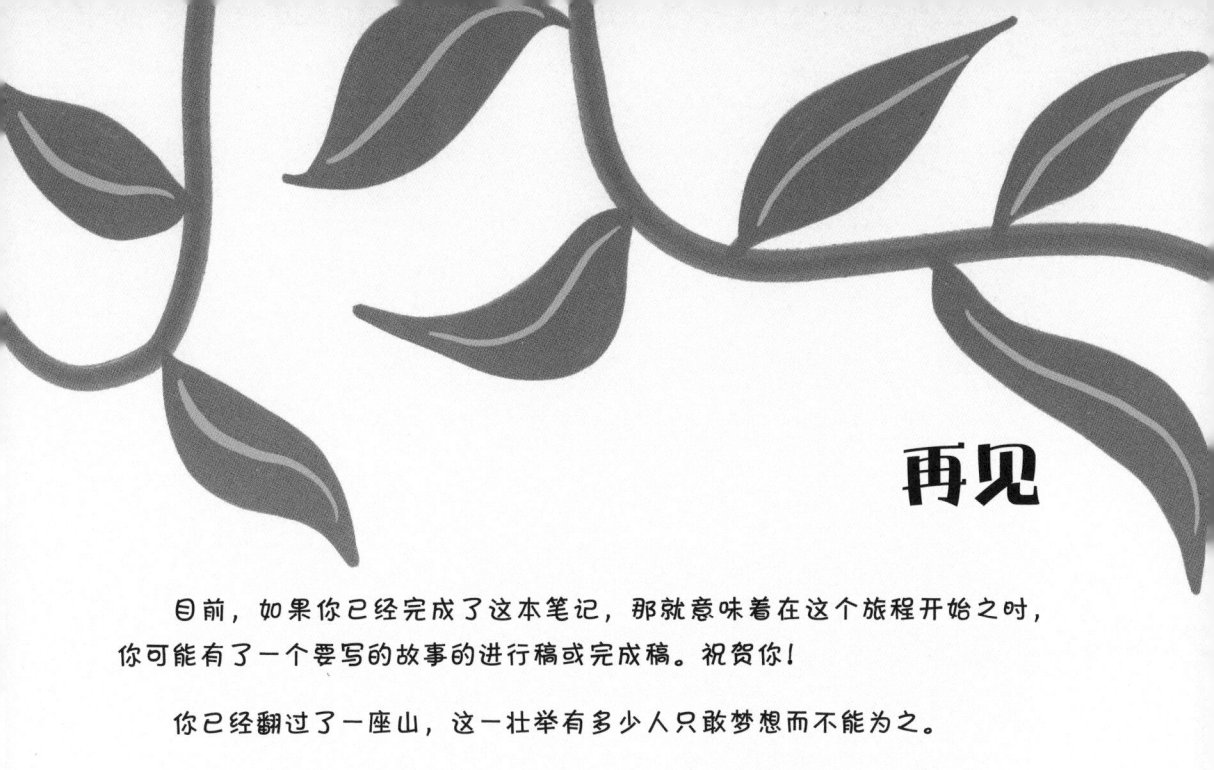

目前，如果你已经完成了这本笔记，那就意味着在这个旅程开始之时，你可能有了一个要写的故事的进行稿或完成稿。祝贺你！

你已经翻过了一座山，这一壮举有多少人只敢梦想而不能为之。

我们写作这本《作家笔记》的希望是，为你提供够用的方法和路径，给你真正的创作自由。我们希望你从这次经历中收获的是，认识到你的直觉可以信赖，唤醒你对自己能写出好故事的自我激励意识和对新发现的自信。

无论你选择何种路径，发表之路都艰难且充满挑战。别无他法，没有捷径。有时候甚至可能感到这条路没有尽头。我们最好的建议是，无论如何，你都要不断创作。一旦灵感的火花被点燃，你就要紧追不舍。不必害怕会迷失在你的想象中。永远向前，才是魅力所在。

我们能够承诺你的，谨在于此。

奖励

写一本书是一个巨大的成就，值得特殊奖励。如果你是那种需要奖励才动力十足的作家，那么，如果你达到了你的里程碑，该如何奖励自己？当你的小说彻底完成，你可以选择兑现一个大的奖励，或者，你也可以将整个过程分成不同的阶段，每完成一阶段都给自己一个小奖励。

在下面的横线上列出你的奖励计划，无论何种形式都可以。你可以每完成一个目标就奖励自己一次，完成初稿则给一次大奖励，送出第一份投稿工作表时就来一次特殊的庆祝。

_____

_____

_____

_____

_____

_____

_____

_____

_____

创意写作书系

这是一套广受读者喜爱的写作丛书,系统引进国外创意写作成果,推动本土化发展。它为读者提供了一把通往作家之路的钥匙,帮助读者克服写作障碍,学习写作技巧,规划写作生涯。从开始写,到写得更好,都可以使用这套书。

综合写作		
书名	作者	出版日期
成为作家	多萝西娅·布兰德	2011年1月
一年通往作家路——提高写作技巧的12堂课	苏珊·M.蒂贝尔吉安	2013年5月
文学的世界	刁克利	2022年12月
创意写作大师课	于尔根·沃尔夫	2013年6月
渴望写作——创意写作的五把钥匙	格雷姆·哈珀	2022年6月
与逝者协商——布克奖得主玛格丽特·阿特伍德谈写作	玛格丽特·阿特伍德	2019年10月
从创意到畅销书——修改与自我编辑	詹姆斯·斯科特·贝尔	2016年1月
来稿恕难录用——为什么你总是被退稿	杰西卡·佩奇·莫雷尔	2018年1月
虚构写作		
小说写作教程——虚构文学速成全攻略	杰里·克里弗	2011年1月
开始写吧!——虚构文学创作	雪莉·艾利斯	2011年1月
冲突与悬念——小说创作的要素	詹姆斯·斯科特·贝尔	2014年6月
视角	莉萨·蔡德纳	2023年6月
悬念——教你写出扣人心弦的故事	简·K.克莱兰	2023年6月
情节与人物——找到伟大小说的平衡点	杰夫·格尔克	2014年6月
人物与视角——小说创作的要素	奥森·斯科特·卡德	2019年3月
经典人物原型45种——创造独特角色的神话模型(第三版)	维多利亚·林恩·施密特	2014年6月
情节线——通过悬念、故事策略与结构吸你的读者	简·K.克莱兰	2022年3月
经典情节20种(第二版)	罗纳德·B.托比亚斯	2015年4月
情节!情节!——通过人物、悬念与冲突赋予故事生命力	诺亚·卢克曼	2012年7月
如何创作炫人耳目的对话	詹姆斯·斯科特·贝尔	2016年11月
如何创作令人难忘的结局	詹姆斯·斯科特·贝尔	2023年5月
超级结构——解锁故事能量的钥匙	詹姆斯·斯科特·贝尔	2019年6月
故事工程——掌握成功写作的六大核心技能	拉里·布鲁克斯	2014年6月
故事力学——掌握故事创作的内在动力	拉里·布鲁克斯	2016年3月
畅销书写作技巧	德怀特·V.斯温	2013年1月
30天写小说	克里斯·巴蒂	2013年5月
成为小说家	约翰·加德纳	2016年11月
小说的艺术	约翰·加德纳	2021年7月

非虚构写作		
开始写吧！——非虚构文学创作	雪莉·艾利斯	2011 年 1 月
写作法宝——非虚构写作指南	威廉·津瑟	2013 年 9 月
故事技巧——叙事性非虚构文学写作指南（第二版）	杰克·哈特	2023 年 1 月
光与热——新一代媒体人不可不知的新闻法则	迈克·华莱士	2017 年 3 月
自我与面具——回忆录写作的艺术	玛丽·卡尔	2017 年 10 月
写我人生诗	塞琪·科恩	2014 年 10 月
类型及影视写作		
金牌编剧——美剧编剧访谈录	克里斯蒂娜·卡拉斯	2022 年 3 月
开始写吧！——影视剧本创作	雪莉·艾利斯	2012 年 7 月
开始写吧！——科幻、奇幻、惊悚小说创作	劳丽·拉姆森	2016 年 1 月
开始写吧！——推理小说创作	劳丽·拉姆森	2016 年 7 月
弗雷的小说写作坊——悬疑小说创作指导	詹姆斯·N. 弗雷	2015 年 10 月
好剧本如何讲故事	罗伯·托宾	2015 年 3 月
经典电影如何讲故事	许道军	2021 年 5 月
童书写作指南	玛丽·科尔	2018 年 7 月
网络文学创作原理	王祥	2015 年 4 月
写作教学		
剑桥创意写作导论	大卫·莫利	2022 年 7 月
如果，怎样？——给虚构作家的 109 个写作练习（第三版）	安妮·伯奈斯 帕梅拉·佩因特	2023 年 6 月
你的写作教练（第二版）	于尔根·沃尔夫	2014 年 1 月
创意写作教学——实用方法 50 例	伊莱恩·沃尔克	2014 年 3 月
创意写作思维训练	丁伯慧	2022 年 6 月
故事工坊（修订版）	许道军	2022 年 1 月
大学创意写作·文学写作篇	葛红兵 许道军	2017 年 4 月
大学创意写作·应用写作篇	葛红兵 许道军	2017 年 10 月
小说创作技能拓展	陈鸣	2016 年 4 月
青少年写作		
会写作的大脑 1——梵高和面包车（修订版）	邦妮·纽鲍尔	2018 年 7 月
会写作的大脑 2——怪物大碰撞（修订版）	邦妮·纽鲍尔	2018 年 7 月
会写作的大脑 3——33 个我（修订版）	邦妮·纽鲍尔	2018 年 7 月
会写作的大脑 4——亲爱的日记（修订版）	邦妮·纽鲍尔	2018 年 7 月
奇妙的创意写作——让你的故事和诗飞起来	卡伦·本基	2019 年 3 月
成为小作家	李君	2020 年 12 月
写作魔法书——让故事飞起来	加尔·卡尔森·莱文	2014 年 6 月
写作魔法书——28 个创意写作练习，让你玩转写作（修订版）	白铅笔	2019 年 6 月
写作大冒险——惊喜不断的创作之旅	凯伦·本克	2018 年 10 月
小作家手册——故事在身边	维多利亚·汉利	2019 年 2 月
北大附中创意写作课	李韧	2020 年 1 月
北大附中说理写作课	李亦辰	2019 年 12 月
有个性的写作（人物篇＋景物篇）	丁丁老师	2022 年 10 月

创意写作课程平台

从入门到进阶多种选择，写作路上助你一臂之力

扫二维码随时了解课程信息

"创意写作课程平台"由中国人民大学出版社"创意写作书系"编辑团队精心打造，历经十余年积累，依托"创意写作书系"海量素材，邀请国内外优秀写作导师不断研发而成。这里既有丰富的资源分享和专业的写作指导，也有你写作路上的同伴，曾帮助上万名写作者提升写作技能，完成从选题到作品的进阶。

写作训练营，持续招募中

- **叶伟民故事写作营**

  高人气写作导师叶伟民的项目制写作训练营。导师直播课，直击写作难点痛点，解决根本问题。班主任 Office Hour，及时答疑解惑，阅读与写作有问必答。三级作业点评机制，导师、班主任、编辑针对性点评，帮助突破自身创作瓶颈。

- **开始写吧！——21天疯狂写作营**

  依托"创意写作书系"海量练习技巧，聚焦习惯养成、人物塑造、情节设置等练习方向，21天不间断写作打卡，班主任全程引导练习，更有特邀嘉宾做客直播间传授写作经验。

精品写作课，陆续更新中

- **小说写作四讲**

  精美视频 + 英文原声 + 中文字幕

  全美最受欢迎的高校写作教材《小说写作》作者珍妮特·伯罗薇亲授，原汁原味的美式写作课，涵盖场景、视角、结构、修改四大关键要素，搞定写作核心问题。

- **从零开始写故事**

  高人气写作导师叶伟民系统讲解故事写作的底层逻辑和通用方法，30讲视频课程帮你提高写作技能，创作爆品故事。

精品写作课

作家的诞生——12位殿堂级作家的写作课

中国人民大学习克利教授10余年研究成果倾力呈现，横跨2800年人类文学史，走近12位殿堂级写作大师，向经典作家学写作，人人都能成为作家。

荷马：作家第一课，如何处理作品里的时间？
但丁：游历于地狱、炼狱和天堂，如何构建文学的空间？
莎士比亚：如何从小镇少年成长为伟大的作家？
华兹华斯和弗罗斯特：自然与作家如何相互成就？
勃朗特姐妹：怎样利用有限的素材写作？
马克·吐温：作家如何守望故乡，如何珍藏童年，如何书写一个民族的性格和成长？
亨利·詹姆斯：写作与生活的距离，作家要在多大程度上妥协甚至牺牲个人生活？
菲兹杰拉德：作家与时代、与笔下人物之间的关系？
劳伦斯：享有身后名，又不断被诋毁、误解和利用，个人如何表达时代的伤痛？
毛姆：出版商的宠儿，却得不到批评家的肯定。选择经典还是畅销？

作家的诞生
——12位殿堂级作家的写作课

一个故事的诞生——22堂创意思维写作课

郝景芳和创意写作大师们的写作课，国内外知名作家、写作导师多年创意写作授课经验提炼而成，汇集各路写作大师的写作法宝。它将告诉你，如何从一个种子想法开始，完成一个真正的故事，并让读者沉浸其中，无法自拔。

郝景芳：故事是我们更好地去生活、去理解生活的必需。
故事诞生第一步：激发故事创意的头脑风暴练习。
故事诞生第二步：让你的故事立起来。
故事诞生第三步：用九个句子描述你的故事。
故事诞生第四步：屡试不爽的故事写作法宝。

The Storyteller's Workbook:An Inspirational,Interactive Guide to the Craft of Novel Writing
By Adrienne Young and Isabel Ibañez
Copyright © 2022 by Adrienne Young and Isabel Ibañez
All rights reserved including the right of reproduction in whole or in part in any form.
This edition published by arrangement with TarcherPerigee, an imprint of Penguin Publishing Group, a division of Penguin Random House LLC.
Simplified Chinese version © 2024 China Renmin University Press.
All Rights Reserved.

图书在版编目（CIP）数据

作家笔记 /(美) 阿德里安娜·扬, (美) 伊莎贝尔·伊巴涅斯著；刁克利译. -- 北京：中国人民大学出版社，2024.1
　（创意写作书系）
　书名原文：The Storyteller's Workbook: An Inspirational, Interactive Guide to the Craft of Novel Writing
　ISBN 978-7-300-32260-5

Ⅰ.①作… Ⅱ.①阿… ②伊… ③刁… Ⅲ.①写作学 Ⅳ.①H05

中国国家版本馆 CIP 数据核字 (2023) 第 213860 号

创意写作书系
作家笔记
[美]　阿德里安娜·扬　　著
　　　伊莎贝尔·伊巴涅斯
刁克利　译
Zuojia Biji

出版发行	中国人民大学出版社				
社　　址	北京中关村大街 31 号		邮政编码	100080	
电　　话	010-62511242（总编室）		010-62511770（质管部）		
	010-82501766（邮购部）		010-62514148（门市部）		
	010-62515195（发行公司）		010-62515275（盗版举报）		
网　　址	http://www.crup.com.cn				
经　　销	新华书店				
印　　刷	北京联兴盛业印刷股份有限公司				
开　　本	720 mm×1000 mm　1/16		版　次	2024 年 1 月第 1 版	
印　　张	14.25　插页 2		印　次	2024 年 1 月第 1 次印刷	
字　　数	42 000		定　价	79.00 元	

版权所有　　侵权必究　　印装差错　　负责调换